DIALOGUE SUR LE CHEMIN INITIATIQUE

« Spiritualités vivantes »

KARLFRIED GRAF DÜRCKHEIM
ALPHONSE GOETTMANN

DIALOGUE SUR LE CHEMIN INITIATIQUE

Albin Michel

Albin Michel
▪ *Spiritualités* ▪

Collections dirigées
par Jean Mouttapa et Marc de Smedt

Première édition :

Édition de poche :

22, rue Huyghens, 75014 Paris

ISBN 2-226-10842-4
ISSN 0755-1835

A mes parents qui m'ont donné le désir du Chemin…

A Graf Dürckheim qui m'a montré le Chemin…

A l'Eglise orthodoxe qui m'a permis de réaliser le Chemin...

A Rachel, mon épouse, avec laquelle le Chemin est devenu Fête...

INTRODUCTION

Ce livre a pris naissance à Rütte, hameau suspendu à mille mètres d'altitude, entre les collines et les sapins de la Forêt-Noire. Les typiques chalets aux immenses toits sombres se détachent sur la symphonie en vert des grasses prairies et des bois touffus. Un ruisseau sauvage dévale joyeusement des hauteurs, rivalisant de limpidité avec le ciel. Un grand silence plein de vie enveloppe ce paysage. On y respire la paix et la sérénité, très vite l'impression de mystère et d'infini vous saisit, déjà monte en vous avec nostalgie la grande question du sens des choses et de l'existence... Il habite là, dans un chalet enfoui dans la forêt, celui qui a consacré sa vie à répondre à l'éternelle interrogation de l'homme : « Qui suis-je ? »... Karlfried Graf Dürckheim est son nom !

Je connais Graf Dürckheim depuis de longues années, et ce témoignage qui prend forme aujourd'hui est l'expression d'une lente maturation et d'une expérience profonde que nous désirons tous deux partager avec ceux qui sont aussi en quête de l'essentiel. Dans ma vie il y a « un avant et un après Dürckheim ». Né dans l'Église catholique, j'ai longtemps cherché mon vrai visage d'homme et de chrétien, tendu éperdument vers le « Viens, suis-moi » de l'Évangile, mais je n'ai pas trouvé... J'ai lu des centaines de livres, mais je n'ai pas trouvé... J'ai assidûment fréquenté différentes facultés de théologie, mais je n'ai pas trouvé... Je me suis lancé à corps perdu dans l'oraison, l'action, la politique, mais je n'ai pas trouvé... Comme le psalmiste j'ai crié ma détresse au Seigneur. C'est alors que j'ai rencontré Graf Dürkheim, tel le Pèlerin voilé sur la route d'Emmaüs. Ce fut en moi l'explosion... le jaillissement... je chutai de mon cheval comme Paul sur le chemin de Damas et les écailles tombèrent de mes yeux. Graf Dürckheim fut pour moi

« le » maître qui m'a permis de découvrir le seul vrai Maître, Jésus-Christ ! Le tournant de ma vie s'amorçait...

A son contact et par son enseignement, je pris conscience que je cherchais désespérément au-dehors ce que je portais au fond de moi-même. En fait j'avais trouvé... mais trop intellectuellement ! Tout était là, mais sous forme d'inventaire rationnel, d'examens et de stratégie. J'étais devant une porte verrouillée. Graf Dürckheim a été la clef qui a ouvert la porte à l'expérience ; mon « savoir » devenait Vie, l'intelligence descendait dans le « cœur », le Verbe a pris chair en moi dans le grand mouvement vivifiant de l'Esprit, vers l'unique Source de toute Vie qu'est le Père. Voici que je découvrais expérimentalement la divine Trinité confessée mentalement depuis tant d'années ! A partir de ce moment-là, la porte était grande ouverte... Elle donnait sur un espace qui engendra tous les bouleversements que devait connaître ma vie ensuite : en particulier une compréhension radicalement autre de la Bible et de la Tradition, d'où une redécouverte concrète des Pères de l'Église, et c'est ainsi que je m'enracinai progressivement dans l'Orthodoxie. Après la rencontre de Rachel, notre chemin nous conduisit à demander le sacrement de l'Amour et l'exercice du sacerdoce au sein de l'Église orthodoxe de France. C'est là que nous ne cessons de réaliser avec stupeur que l'intuition fondamentale de Graf Dürckheim rejoint au fond le noyau même du message biblique et qu'il peut s'approfondir en Église à travers la prière contemplative, la théologie mystique, la divine liturgie et la vie en communauté...

Mais peut-on « mettre la lumière sous le boisseau ? » C'est impossible au sein d'une telle expérience ! Un des premiers fruits fut la création de « Béthanie », centre de rencontres spirituelles en Lorraine. Ici germa, dans l'expérience et les rencontres, le désir de faire connaître plus largement encore le puissant appel que Graf Dürckheim adresse à l'homme de notre temps. Ainsi naquit ce dialogue...

Un beau matin de juin, nous prenions, mon épouse et moi, la route pour Rütte... Le vieux sage nous y attendait... Quelle grâce ! Quelle joie de dialoguer avec lui des jours et des heures durant... Nous avons retrouvé dans sa chambre de travail ce climat de mystère et de sérénité qui nous avait déjà saisis en arrivant au village. Mais comment décrire Graf Dürckheim? Les mots sauraient-ils traduire sa force extraordinaire et cette jeunesse qui n'a pas d'âge, son tempérament de feu, son regard à la fois plein de tendresse et vous perçant jusqu'aux entrailles, son sourire parfois bouleversant qui illumine tout son visage, sa voix tour à tour mélodieuse et passionnée, ses éclats de rire et son humour... Jamais aucun texte ne pourra rendre l'essentiel de cette rencontre!

Merci, Graf Dürckheim, pour ce temps merveilleux passé à vos côtés, merci pour l'indicible richesse que vous nous avez communiquée, merci pour ce que vous n'avez pas dit mais que l'intimité de votre présence nous a révélé, merci pour l'amour que vous nous avez donné et dont nous resterons à jamais imprégnés...

Alphonse Goettmann

Remarques

- L'entretien a eu lieu directement en français et a été enregistré sur magnétophone.

- Pour ne heurter aucune conscience, Graf Dürckheim parle indifféremment de Dieu et de l'Etre.

- Une seule chose importe pour Graf Dürckheim ; aussi la fait-il scintiller de mille manières en la répétant sans cesse mais à des niveaux différents et par des approches variées. Dans un discours logique et linéaire, toute répétition est lassante et inutile, ici par contre, elle est voulue et nécessaire : il s'agit d'un enseignement en spirale, d'une sorte de « manducation de la parole » où, tel le chant liturgique et la méthode expérimentale des Ecritures, on devient ce que l'on « mange » continuellement, on « est » un peu plus ce que l'on vient de lire au lieu de le « savoir ».

I

« JE T'AI APPELÉ PAR TON NOM... »

(Isaïe 43, 1)

ALPHONSE GOETTMANN : *Graf Dürckheim, vous rencontrer a toujours été un événement pour moi. Si je suis aujourd'hui un homme libre et heureux, vous en êtes l'un des artisans. Ma vie est devenue un Chemin grâce à l'impulsion extraordinaire que vous m'avez donnée. J'aimerais vous demander quels sont les événements marquants de votre vie qui ont vraiment éveillé en vous le message que vous transmettez depuis de longues années et qui a bouleversé mon existence et celle de tant d'autres... ?*

GRAF DÜRCKHEIM : Eh bien, c'est une grande question ! Je crois que cela a commencé très tôt. Dèjà certaines impressions de mon enfance m'ont marqué.

Cela remonte à ma petite enfance. Là j'ai eu des expériences qui étaient remplies de la qualité qu'on appelle le numineux. Il s'agit d'une qualité particulière. D'après le fameux psychologue C.G. Jung, la réalité qui se manifeste dans l'expérience de cette qualité numineuse est à la base de toutes les religions. Je crois que cette phrase a tourné la page de la psychologie européenne vers une autre ouverture sur l'homme, touchant vraiment le centre de l'esprit humain, la source de son développement possible et inné. C'est précisément l'éveil de ce noyau, qu'on peut appeler la transcendance intérieure, qui constitue le cœur de tout mon travail jusqu'à aujourd'hui ; l'éveil de ce noyau et bien sûr aussi son expérience.

L'ouverture de mon âme vers ce centre intérieur s'est faite dans ma petite enfance déjà. C'est toute une histoire ! Il y a eu ensuite beaucoup d'autres moments assez extraordinaires dans ma vie qui ont renforcé ce côté-là en moi-même. Expériences particulières, heures étoilées, où j'étais touché par cette réalité profonde d'une façon qui me faisait comprendre qu'il ne s'agissait pas là d'un sentiment ou d'une croyance, mais d'une réalité beaucoup plus réelle que celle qu'on considère être la seule réalité. Nous croyons que la seule réalité est celle de l'espace et du temps et, pour Descartes, n'est réel que ce qui peut s'inscrire dans un ensemble de concepts préconçus, mais tout cela n'est que l'enveloppe de quelque chose de tout autre et, en vérité, cache la réalité du fond. C'est cette autre réalité qui m'a profondément touché à chacune des étapes de ma vie depuis l'enfance, en passant par les années de guerre au front et la rencontre avec la mort, jusqu'à cette expérience bouleversante et définitive qui m'a fait voir l'au-delà essentiel, caché et se manifestant tout à la fois... Cela a continué ensuite et finalement ce n'étaient plus des expériences particulières, mais une sorte de toucher perpétuel, une espèce d'état, qui se voilait toujours à nouveau. Cela n'existe pas qu'on soit ouvert en permanence, mais à partir d'un certain moment on ressent toujours l'appel de se tourner vers la réalité profonde.

A. G. : *Voilà donc en quelque sorte l'ambiance dans laquelle s'est déroulée votre existence. C'est un climat apparemment étrange et vous ne semblez pas accorder beaucoup de crédit aux catégories cartésiennes qui nous sont si habituelles ! Pourriez-vous maintenant rappeler d'une façon plus précise les événements importants qui ont permis cette éclosion ?*

G. D. : Ma première expérience remonte à l'âge de un an et demi. Elle m'a tellement touché que je ne l'ai plus jamais oubliée ! Je me trouvais sur les bras de la nourrice qui m'emmenait dans la chambre mortuaire de ma grand-mère. L'atmosphère y était surprenante : la présence de la mort, le silence et le clair-obscur de la pièce, une odeur intense de cire... Je me sentais à la fois attiré vers le lit et apeuré, rebuté... Le tout avait une qualité de merveille et d'épouvante. J'éprouvais pour la première fois l'unité de la fascination et de la terreur, ces deux qualités qui caractérisent toujours l'expérience du numineux.

Et puis, un peu plus tard, je me souviens exactement de certaines qualités sensorielles qui m'ont beaucoup impressionné et touché : l'odeur du bois d'une petite maisonnette dans laquelle se trouvaient mes outils pour jouer dans le sable... L'odeur de ce bois échauffé par le soleil, je la sens aujourd'hui encore, dès que j'en parle... Ou l'odeur du sable mouillé dans lequel on jouait, le bruit que faisait le ruisseau au-dessus duquel on passait sur un petit pont ; je m'appuyais souvent sur la balustrade pour regarder et écouter... Il y avait aussi le claquement du fouet, j'en avais un beau à l'âge de cinq ans ; le son qu'il faisait me donnait une ouverture, je me sentais devenir plus grand. C'était une qualité sensorielle très forte ! Et je comprends bien Teilhard de Chardin quand il dit que sa première expérience de Dieu c'était un morceau de fer qu'il avait dans sa main. C'était Ça, Dieu... Dieu là, dans cette qualité du métal !

En recevant les qualités sensorielles d'une façon immédiate, c'est le grand mystère qui nous touche.

L'un des plus merveilleux cadeaux de mon enfance qui me bouleverse encore aujourd'hui et jusque dans l'orientation de mon travail : c'est précisément la fascination par le mystère. Dans l'église de mon village natal, mes parents avaient une « loge » du haut de laquelle on pouvait voir dans la sacristie et suivre de très près ce qui se passait à l'autel. Je ne comprenais rien, mais je sentais infiniment ! J'étais à genoux, je regardais... J'écoutais sans rien comprendre... L'odeur de l'encens, les chants, les beaux gestes du prêtre dans ses merveilleux vêtements, le tintement des clochettes, les lumières des bougies, la foule en prière... toute cette combinaison de couleurs, de sons et d'odeurs, me plongeait dans une ambiance mystérieuse et je m'y blotissais. Il se passait quelque chose..., quelque chose de très haut, de très profond, de très grand...

Voyez-vous, ce ne sont ni les images ni les pensées qui comptent au cours d'une liturgie, mais c'est l'attitude. Il faut être là, dans une attitude de don et d'abandon, alors seulement quelque chose d'autre peut naître et se développer en nous. Précisément, parce que la messe m'était incompréhensible mais chargée de mystère, elle me tenait en haleine : la vérité dans l'insaisissable.

A. G. : *« Insaisissable »..., ce mot comme tant d'autres : « indescriptible, invisible, ineffable... » se trouve au cœur de la liturgie orthodoxe et invite à l'adoration au-delà de tout raisonnement inutile et impossible. La vraie foi est une disposition du cœur où les mystères parlent sans passer par le moulinet de la raison... Cette expérience du mystère vous a tellement imprégné que vous en parlez spontanément dans des termes hymniques et liturgiques. Elle vous a toujours accompagné sur le chemin de votre foi et vous avez aidé tant d'autres à comprendre qu'il n'y a de maturité dans la foi que par l'expérience. Vous êtes dans ce sens le « maître des novices » pour beaucoup de chrétiens, y compris de nombreux moines, qui pourtant sont des professionnels en la matière... Mais ceci est un grand sujet sur lequel nous reviendrons.*

Après une enfance riche d'expériences, je crois que votre adolescence a été marquée par la guerre de 1914-1918 ?

G. D. : Oui !... J'avais tout juste dix-huit ans lorsque je partis pour l'armée. Là j'ai été durement confronté avec la mort, qui a profondément ancré l'expérience du transcendant dans ma vie. Je me souviens... C'était au front... Le premier mort que j'ai vu était un Français en culotte rouge sur le bord d'un chemin... Dans les yeux grands ouverts et figés du mort je rencontrais une sorte de ricanement épouvantable, qui tout à la fois m'attirait et me poussait à fuir, me retenait et me poursuivait sur le chemin jusqu'à ce que, enfin, libre et heureux, j'aie eu à nouveau le sentiment de retrouver la vie comme jamais auparavant. Subitement, la vie n'était plus quelque chose d'évident, mais une plénitude surnaturelle sur l'arrière-plan terrifiant de la non-vie.

C'est ainsi que la mort restait ma compagne quotidienne durant toute la guerre. Surtout lors de la bataille de Verdun, sous un effrayant feu d'artifice et dans un paysage d'entonnoirs qui était un vrai cimetière désordonné où gisaient des morceaux de corps humains... Je n'ai jamais été un héros, j'avais toujours peur lorsque j'étais seul, mais comme officier je n'ai jamais eu la moindre difficulté à faire mon devoir lorsque j'avais la responsabilité de mes hommes... Chaque fois que je sortais d'une zone menacée par la mort, il montait en moi une grande reconnaissance pour le fait de vivre et de me sentir vivant.

J'ai été au front durant quarante-six mois, non seulement en France, mais encore en Serbie, en Italie, en Roumanie... ; j'ai eu la chance de ne jamais tirer un coup de fusil, je n'ai même jamais sorti mon revolver, il m'a été épargné de me mettre vis-à-vis de quelqu'un pour le tuer. De même je n'ai jamais été blessé, pourtant les balles avaient traversé ma chemise et mon manteau... J'avais vraiment un ange gardien !

C'est dans cette ambiance, que la vie comme telle revêtait

un caractère numineux. Je découvrais en même temps que c'est en envisageant la mort que l'on fait un pas en avant vers la vie véritable. Cette expérience a fait plus tard partie de mon enseignement : en acceptant la mort on découvre et on reçoit la vie qui est au-delà de la vie et de la mort, la VIE en *majuscules...*

A. G. : *Comme prêtre, j'ai eu l'occasion d'accompagner des centaines de mourants jusqu'à leur naissance au ciel. Les uns hurlaient de révolte ou de terreur, d'autres, qui avaient appris à « mourir » au cours de leur existence, accueillaient la mort avec une souveraine liberté. J'ai vu un grand malade sabler le champagne avec sa famille pour fêter cet événement. Ce n'était pas une réconciliation avec la mort qui, pour le chrétien, reste toujours l'ennemi à détruire, mais la révélation de la vraie vie qu'est le Christ lui-même. C'est le chant d'allégresse de la Nuit Pascale : « Christ est ressuscité des morts, par la mort il a vaincu la mort, à ceux qui sont dans les tombeaux il a donné la vie. »*

Est-il permis de dire qu'en touchant la mort de si près, vous avez vécu une expérience privilégiée... ? Pourtant vous avez fait allusion à une expérience plus grande encore ?

G. D. : Après l'écroulement de 1918, la grande question qui animait les esprits en recherche, c'était la question de l'homme nouveau. Une expérience décisive m'a donné l'impulsion à ne pas faire de cette question un simple devoir envers cette époque de reconstruction, mais à la mettre au centre de ma vie. Ce que j'ai vécu alors, je l'appelle la grande expérience de l'Être... J'avais vingt-quatre ans, et je me trouvais dans l'atelier du peintre Willi Geiger à Munich... Ma future épouse, Madame von Hattingberg, était assise sur la table, et à côté d'elle il y avait un livre... Je le vois encore... Et voici qu'elle ouvre ce livre et lit à haute voix le onzième verset du Tao-te-King de Laotse :

> Trente rayons autour d'un moyeu : dans le vide médian réside l'œuvre du char.
> On creuse l'argile et elle prend la forme de vases : c'est par le vide qu'ils sont des vases.
> On perce des portes et des fenêtres pour créer une chambre : c'est par ces vides que c'est une chambre.

> Par conséquent : ce qui est sert à l'utilité, ce qui n'est pas représente l'essence.

Et soudain Cela arriva !... J'écoutais et l'éclair me traversa... Le voile se déchira, j'étais éveillé ! Je venais de faire l'expérience de « Cela ». Tout existait et n'existait pas, ce monde et à travers celui-ci la percée d'une autre Réalité... Moi-même j'existais et je n'existais pas. J'étais saisi, dans l'enchantement, ailleurs et pourtant bien là, heureux et comme privé de sentiment, très loin et en même temps profondément enraciné dans les choses. Toute la réalité qui m'entourait était tout à coup formée de deux pôles : l'un qui était le visible immédiat et l'autre un invisible, qui était au fond l'essence de ce que je voyais. Je voyais vraiment l'Être... En allemand on dirait avec Heidegger : *das Sein in Seienden.* Je voyais l'Être dans l'Étant. Et Cela m'a si profondément touché que j'avais l'impression de ne plus être tout à fait moi-même. Je sentais que j'étais rempli d'une chose extraordinaire, immense, qui me remplissait de joie et en même temps me plongeait dans un grand silence. Je restai à peu près vingt-quatre heures dans cet état. Le soir-même nous étions invités chez des amis pour écouter un grand pianiste. J'étais accroupi dans un coin de la chambre toujours sous cette même emprise. Et, depuis, je crois que cela ne m'a jamais quitté. Je n'avais pas encore compris du tout de quoi il s'agissait. Mais à partir de ce moment-là il y avait toujours quelque chose d'autre dans ma vie, qui m'entourait, me remplissait et me poussait en avant. Sans cesse j'étais dirigé par une sorte de nostalgie et de promesse, inexplicables... Il en est encore ainsi aujourd'hui. Mais à l'époque je n'avais pas compris qu'il s'agissait d'un appel et d'une naissance d'une nouvelle conscience. Ce sont là des choses que j'ai découvertes beaucoup plus tard, mais j'étais poussé dans ce sens, porté. Cela m'a donné aussi un certain courage de vivre, une certaine innocence dans le toucher, l'approche des choses et des personnes. Il y avait là tout à coup une autre réalité, angélique, qui m'entourait à partir de ce moment-là.

A. G. : *Vous considérez cet événement inouï dans votre vie comme le plus décisif ?*

G. D. : Absolument ! Sur le plan de mon développement spirituel c'était là certainement le tournant dont l'importance m'est devenue consciente bien plus tard. A ce moment-là nous avons formé avec ma femme et un couple ami ce que nous appelions le « Quatuor ». C'était dans les années 1920 et nous commencions déjà à mettre en œuvre une certaine pratique : examen de conscience quotidien, des exercices de silence intérieur et d'assise méditative ; mon premier « Zazen ».

A. G. : *Cette expérience qui vous a marqué d'un sceau définitif, toutes les époques de l'humanité en témoignent. C'est le moment où l'homme se sent étincelle divine... Après une telle « secousse » il est un premier temps où l'on ne peut que se taire et adorer. Et puis monte en nous le désir de savoir, de connaître ceux qui à travers les âges ont bu à la même Source et se sont éclairés au même Feu. Pouvez-vous dire « de quel bois vous vous êtes chauffé » ?*

G. D. : L'attitude de conversion qui me tenaillait désormais, m'orientait sans cesse vers un certain pôle de recherche à travers tout ce que je rencontrais. Pas étonnant alors que, dans ce contexte, Maître Eckhart fît irruption en moi tel un coup de foudre. Je n'arrivais plus à me défaire de ses *Traités et sermons* que je percevais comme un écho multiple et varié de la musique divine que je venais d'entendre. Je reconnais en Eckhart mon maître, le maître. J'ai fait sa connaissance grâce à mon ami Ferdinand Weinhandel, un membre du « Quatuor », c'était à Munich vers 1920. Je ne suis pas un expert d'Eckhart dans le sens scientifique, ni un théologien. On ne peut l'approcher que si on élimine la conscience conceptuelle. Il y a un tel souffle qui sort de tout ce qu'il dit ! Cette immense simplicité avec laquelle il parle de Dieu, les exemples qu'il donne, les problèmes qu'il soulève... Il règne chez lui toute une atmosphère dans la réalité dont il parle, cette réalité de l'essentiel, le Réel dans le silence de l'au-delà, audible seulement à ceux qui ont des oreilles pour entendre... Vous savez qu'il a été poursuivi, condamné comme hérétique, et encore aujourd'hui l'Église poursuit Maître Eckhart. J'aurais pu moi-même être victime comme lui... Mais oui : un Père jésuite que je connais très bien a écrit un compte rendu de mon dernier livre *Méditer - pourquoi - comment*. Il a essayé d'y être fidèle, puis il m'a attaqué en disant pourquoi ce livre ne vaut pas pour les chrétiens et qu'il existe un fossé très profond qu'il me demande de combler. Je lui ai répondu point par point pour lui montrer qu'il ne m'avait pas compris et que je me sentais un peu dans la situation d'Eckhart, attaqué et mal compris par l'Église. Le P. Wulf dit en m'attaquant que, s'il y a expérience d'une réalité divine, c'est parce que Dieu en est la cause. Or je prétends qu'il n'est pas possible d'approcher Dieu avec les catégories de la causalité et de l'ensemble des concepts rationnels. On ne peut appliquer les catégories existentielles au Tout-Autre, au Transcendant ! Avec les expériences de Maître Eckhart je me situe sur un tout autre plan, sur une terre absolument solide, une réalité inébranlable, la source, l'appel le plus profond qui forme vraiment le centre de l'être humain. Mais cela exige la pauvreté de l'esprit qui invite au lâcher-prise total pour permettre la naissance de Dieu en notre être.

A. G. : *Je crois qu'il serait tout à fait passionnant de voir, et je suis tenté de faire cette étude, comment par Maître Eckhart, qui est votre principale source, vous vous situez en fait dans ce grand courant de la Tradition orthodoxe des premiers temps. Car Eckhart, le seul d'ailleurs au Moyen Age, peut-être avec Tauler et Ruysbroek, a ses racines dans la théologie de Denys l'Aréopagite, qui sera un phare pour toute la mystique chrétienne. Eckhart est dionysien dans l'âme. Or cette théologie contient d'une façon surprenante la même approche du divin que vous. Denys l'Aréopagite, disciple direct des Apôtres, invite, pour s'unir à Dieu, au renoncement à toute opération rationnelle, à tout objet sensible ou intelligible, à tout ce qui est, comme à tout ce qui n'est pas. Car Dieu surpasse tout être et toute science, il est inconnaissable par nature et « grâce à cette inconnaissance, dit-il, on ne peut que s'unir à Lui par-delà toute intelligence ».*

La plupart des Pères de l'Église se situent dans ce sillage, sauf Origène qui était un peu écolâtre plotinien et qui pour cela n'a pas toujours eu l'approbation de l'Église. Sinon, tous les grands ont donné cette impulsion. Pour Grégoire de Nysse tout concept relatif à Dieu est un simulacre, une idole. Il dit qu'il n'y a qu'un seul nom pour exprimer la nature divine, c'est l'étonnement qui saisit l'âme quand elle s'unit à Dieu. C'est bien d'une expérience qu'il s'agit.

On devrait en citer bien d'autres encore, comme Clément d'Alexandrie, Basile, Grégoire de Nazianze, Irénée, Maxime le

Confesseur et jusqu'au XIV*e siècle Grégoire Palamas, qui nous sortiraient, il serait temps, de la logomachie théologique actuelle pour nous mettre face au mystère où il n'y a que silence et adoration. Pour eux il n'y a pas de théologie en dehors de l'expérience ; le vrai théologien est celui qui accepte de se changer, de devenir un homme nouveau par une transformation radicale, qu'ils appellent la déification. Et ce théologien convie tout chrétien à en faire autant...*

Mais revenons à Maître Eckhart, a-t-il été la seule grande rencontre pour vous ?

G. D. : La plus forte, oui. Mais il y a eu aussi la rencontre avec le bouddhisme par un livre de Grimm qui m'a beaucoup impressionné. Puis j'ai lu Nietzsche avec passion : son *Zarathoustra* ; tout ce livre est un éloge de l'être essentiel. Ce fut aussi Rilke, un ami de ma femme, et Else Lasker-Schüler la fameuse poétesse juive, Elisabeth Schmidt-Pauly également poétesse, le grand théologien Guardini, le peintre Paul Klee et tous ceux auprès desquels je retrouvais la même mélodie sur des accords différents. Et déjà montait en moi cette question : la grande expérience qui avait animé Eckhart, Laotse, Bouddha, n'était-elle pas au fond la même ?

A. G. : *Comment cette montée de la conscience intérieure et l'enracinement dans l'expérience d'un au-delà, ont-ils cohabité avec le système universitaire que vous fréquentiez à cette époque et qui prenait l'homme pour un quotient intellectuel, à l'opposé de toutes vos convictions et recherches ?*

G. D. : Après mes années d'études philosophiques à Munich, j'émigrai avec mes amis du « Quatuor » à Kiel où je devais développer les instruments intellectuels nécessaires à mon futur travail. Nous vivions en communauté et suivions ensemble les cours à l'Université. Je bifurquai alors de la philosophie à la psychologie pour connaître les fondements psychologiques de la philosophie des valeurs. Mais quelle déception ! La psychologie avait peu de rapports avec la maturation ou une nouvelle image de l'homme. Je me demandais comment ce qui relève de la personne et du qualitatif pouvait être exprimé par le quantitatif, et mon aversion pour les chiffres et les appareils dans le cadre de la recherche psychologique ne m'a jamais quitté. Bien sûr, en psychologie comme en médecine, on peut traiter l'homme comme un objet et par des méthodes quantitatives. Mais dans la connaissance de l'homme, qu'avait-on à y gagner en tant qu'étudiant ? L'homme, au sens propre du mot, n'est pas vraiment intégré dans la formation du médecin, du prêtre, de l'éducateur et, bien souvent aussi, du psychologue. Ce n'est pas sans crainte que je vois la psychologie universitaire se développer dans la direction des sciences naturelles, quelle que soit l'estime que l'on doit avoir pour ses résultats dans une connaissance objective. La psychologie des profondeurs doit toujours lutter pour son droit à l'existence, ne parlons pas d'un enseignement initiatique sur l'être.

Après l'obtention du doctorat en 1923 et mon mariage avec Mme Enja von Hattingberg, je demeurai encore durant deux semestres comme assistant à l'Institut de psychologie de Kiel jusqu'à ce que cette activité me devienne trop étroite. Je me trouvais alors devant le choix de poursuivre mes études ou de faire une halte en Italie. Ma décision fut prise un jour après avoir écouté à Marbourg, l'une après l'autre, les sommités de la philosophie : Heidegger, Hartman, Heiler, Rudolf Otto et Natorp. Résultat : refus de toute Université, et en route pour la Liberté !

J'ai consacré une partie de mon séjour en Italie à la visite des musées, aux beaux-arts, à la peinture et au dessin. Mais ce temps a surtout été marqué par un travail sur la philosophie de l'Unité. J'étais complètement fasciné par la réalité et le problème qui ne me quittaient pas : une Unité qui étreint tout, et qui, dans une Ordonnance intérieure, donne naissance à des formes. C'était de cette manière qu'à cette époque le mystère de l'Être Transcendant jaillissait dans ma conscience conceptuelle ; bien plus tard seulement je le perçus dans son élan trinitaire et sous ses trois aspects : Plénitude, Ordre et Unité. Ces travaux ont incité mon ancien maître, Felix Krueger, à me nommer assistant à l'Institut de psychologie de Leipzig en 1925. Krueger était à l'origine de la *Ganzheitpsychologie,* prenant l'homme comme un tout et non une addition de facultés.

En entrant pour la première fois dans l'Institut, je fus complètement effaré à la vue des nombreux appareils... Je dus me frotter pendant des années à la psychologie quantitative, ce qui a donné toujours plus de profil à ma visée, et j'étais continuellement animé par ma secrète découverte. Aussi, dans mon enseignement et mes séminaires, je cherchais moins à communiquer un savoir qu'à éveiller à des expériences intérieures qui me paraissaient fondamentales. J'étais l'un des premiers à traiter de Klages, Freud, Adler et Jung à l'Université. Déjà à cette époque, le nerf de toute science de l'homme me paraissait être l'expérience qualitative de sa profondeur. Cette conviction dominait tout mon enseignement et s'amplifia encore quand je fus nommé professeur de psychologie à l'Académie de Breslau en 1931.

A. G. : *Vous venez de parler de C.G. Jung. Il était l'un des monstres sacrés de la psychologie de ce temps. L'avez-vous rencontré ?*

G. D. : C'est son absence lors d'un congrès international de psychologie où je devais assurer la clôture qui me décida à lui rendre visite. Comme beaucoup d'autres, j'étais scandalisé parce qu'il n'avait pas été invité. Sa rencontre m'a fait une grande impression... Je le vois encore venir vers moi, la pipe à la bouche, c'était comme une montagne qui s'approchait de moi... Alors je lui dis : « Monsieur Jung, j'ai appris au Japon que lorsqu'on se trouve en face du Maître on a le droit de lui poser une question très simple. » Et il me répondit dans son idiome suisse :

« Eh bien, que voulez-vous savoir ?

— Pourriez-vous me dire ce qu'est un archétype ? »

Il rit, car c'est lui qui a introduit ce terme dans la psychologie. Mais comme il en avait proposé une demi-douzaine de définitions ou plus, j'étais curieux de savoir laquelle il allait me donner... A cet instant il me répond :

« Pattern of behavier. » Il s'agit d'une préformation de votre comportement et non du résultat d'une habitude.

Durant ces vingt dernières années, l'œuvre de C.G. Jung et celle de son premier disciple Erich Neumann m'ont beaucoup enrichi. Leur théorie du « soi » correspond à mon concept de l'être essentiel. Pour eux le véritable soi est l'intégration du soi profond au moi existentiel, ce qui donne naissance à la personne. Voilà ce qui m'a marqué ; par là C.G. Jung a ouvert le chemin à l'initiation. Hélas, les Jungiens ne l'ont pas continué !

A. G. : *Et avec Heidegger, qui vivait dans un petit village à côté du vôtre, avez-vous eu des rapports ?*

G. D. : Oui, dans les années 1949-50, lors de mon retour du Japon. Je lui avais déjà envoyé mon petit livre sur le Japon et la culture du silence. Ce livre l'incitait à s'occuper de la philosophie japonaise, mais il m'a très gentiment répondu qu'il pensait que pour pouvoir parler d'une philosophie, il fallait connaître la langue des philosophes...

Plus tard je rencontrai le philosophe Spranger, éducateur et pédagogue, qui me demanda :

« Vous habitez à Todtmoos, près du *Nichts*, du *Rien* ? » (Heidegger est le philosophe du Vide.)

— « Oui », et je lui répétai la phrase de Heidegger : que pour pouvoir s'occuper d'une philosophie il fallait comprendre la langue...

« Oh, dit Spranger, voici une phrase très dangereuse sur les lèvres d'un philosophe dont on ne comprend pas du tout la langue ! »

J'ai à nouveau rencontré Heidegger vingt ans plus tard, à l'occasion d'une visite que me fit Susucki, le prophète du Zen alors âgé de quatre-vingts ans et qui tenait à le voir. C'était une rencontre de l'homme de la parole avec celui qui, en tant que Maître Zen, est persuadé qu'en ouvrant la bouche... on fait déjà un mensonge ! Car seul le silence contient la vérité... Voilà quelques anecdotes à propos de Heidegger, mais en réalité il n'a eu aucune influence sur mon œuvre.

A. G. : *Tout compte fait, on ne peut mettre en balance ces rencontres avec l'univers chrétien que vous a ouvert Maître Eckhart. A ce sujet il est impossible d'éviter la question de la Source suprême du christianisme qu'est la Bible. Nous naissons avec ce Livre aux entrailles. Hélas, les mauvais catéchismes nous l'ont monté dans la tête ! Cela a permis, bien sûr, la science et la technique. Mais pour les « sages », la Bible a introduit dans l'histoire le dynamisme secret qui l'anime depuis des millénaires : celui de la personne et de la liberté. En cela, elle continue à être un vrai ferment. Il nous manque cependant des clefs de lecture. Toutes les Écoles d'exégèse et d'herméneutique, les lectures « matérialistes » et « structurales » de nos jours en restent au déchiffrement scientifique et mental, la Bible demeure scellée et sa Sagesse muette... Les seuls critères qui l'ouvrent au sens spirituel sont ceux des voyants et non des aveugles : l'expérience de la transparence et l'illumination de l'Esprit. Dans ce sens votre œuvre est profondément biblique et réitère l'invitation de Jésus : « Venez et voyez ! », chemin de l'expérience et non du savoir seulement.*

G. D. : Oui, c'est la raison pour laquelle c'est surtout saint Jean qui m'attire. Je le lis et le relis beaucoup. C'est l'Évangile de la profondeur. En lui je trouve toute l'ouverture pour comprendre la religion. Il y a bien sûr aussi tout le reste de la Bible. Durant toute la guerre j'ai traîné dans mon sac à dos le Nouveau Testament que ma mère m'avait donné. Je l'ai toujours... Il était là, m'accompagnait sans cesse, mais je ne l'ai lu que dans les moments de détresse et de souffrance, me répétant des phrases ou des psaumes. De l'Ancien Testament, je sais très peu de choses ; ce qui m'a toujours intéressé, c'est l'expérience de ceux qui l'on écrit, les patriarches et les prophètes. La conception que les juifs ont de Dieu sort des expériences de leurs guides, de la façon dont ils ont entendu la réalité de l'au-delà prendre parole en eux-mêmes. Cela est vrai de toutes les religions, toutes les images des divinités sont originellement des expériences sans images, extraordinaires et bouleversantes, qui font peur et remplissent de joie, sauvent d'une situation de détresse et ouvrent à une promesse ; on est sur un autre plan... Mais ensuite, l'expérience projetée sur l'écran du moi prend la forme d'une image qui, par l'esprit conceptuel, est transformée en quelque chose ou quelqu'un, c'est-à-dire ontologisée et maintenant comprise comme cause de cette expérience alors qu'elle n'en est en réalité qu'une conséquence !

A. G. : *De cette élaboration à l'idéologie, aux catéchismes, aux sectes et aux religions, il n'y a qu'un pas ! On ne s'est pas privé de le faire allégrement à travers l'histoire...*

G. D. : C'est la tentation même de l'homme, son orgueil ! Il ne faut jamais quitter d'un pied l'enracinement dans l'expérience. Dans ce sens c'est l'Évangile de saint Jean qui pour moi est la Bible. Saint Jean est le modèle de l'homme appelé à faire l'expérience du Christ vivant en lui-même sous la poussée de l'Esprit intérieur : « Je vous dis la vérité, il vaut mieux pour vous que je parte ; car si je ne pars pas, l'Esprit ne viendra pas à vous... » Aujourd'hui le Christ dirait : « Ne projetez pas tout sur moi, allez voir en vous-mêmes, c'est là que vous trouverez l'Esprit de vérité qui vous enseignera ce que je ne peux vous donner maintenant... » Il faudrait surtout prendre au sérieux la fameuse parabole du cep et des sarments où le Christ dit : « Demeurez en moi comme moi en vous... » C'est alors qu'on pénètre dans cette réalité profonde à laquelle Jésus fait allusion quand il affirme encore : « Je SUIS avant qu'Abraham fût. » Il ne s'agit pas d'un malentendu, mais de cette réalité qui est au-delà de l'espace et du temps et qui n'est pas un privilège chrétien ; c'est la même réalité dont parle le maître Zen quand il vous demande quel visage vous aviez avant que vos parents ne soient nés. Il ne vous interroge pas sur votre précédente incarnation, mais il parle de la réalité au-delà des réalités qui est au fond de vous-même.

A. G. : *Au fond, Dieu semble parler toujours la même langue à tous les hommes à travers tous les âges, c'est la langue de feu de la Pentecôte. Elle est reçue et interprétée différemment suivant les traditions. Hélas, les chrétiens croient souvent en avoir le monopole et ne pensent pas que c'est le même Dieu qui est « tout en tous » comme dit saint Paul. A leur grand étonnement les premiers chrétiens n'ont-ils pas vu aussi tomber l'Esprit Saint sur les païens ? A l'inverse, nous assistons aujourd'hui à tout un courant qui jette par-dessus bord notre tradition. On voit alors les Occidentaux « dans le vent » se draper d'une tunique jaune, crâne rasé, négligeant les grands géants de leur propre passé, s'asseoir aux pieds d'un gourou en attendant « l'illumination »... Ces extrêmes n'ont-ils aucun lien ? Les Pères de l'Église voyaient dans toute vérité, où qu'elle apparaisse, une manifestation du Verbe. Encore faut-il qu'elle s'adapte à notre culture ! Jung, qui était enthousiaste du Zen et du yoga, insistait pour dire que leur forme orientale ne nous convenait pas. Son intuition profonde était que l'Occident aurait son propre Yoga, bâti sur les fondements du christianisme. Dans ce sens vous êtes un pionnier en Occident. Vous avez vécu sous le signe de l'expérience de Maître Eckhart et de sa tradition, vous étiez alors prêt pour reconnaître dans la grande tradition orientale une sagesse dont certains points sont proches de la mystique chrétienne.*

Puis-je vous demander quelle a été l'influence de l'Inde sur votre travail ?

G. D. : L'Inde n'a pas eu d'influence sur mon développement. Je n'y suis allé pour la première fois qu'en 1974 sur l'invitation du ministre de la santé, guidé par mon ami Dhingra. Ce qui m'a beaucoup frappé, c'est qu'au sein même de toute cette pauvreté, je n'ai jamais vu un visage triste. La façon dont ces hommes vivent la pauvreté, la souffrance et la mort sans se plaindre peut poser question. C'est ahurissant d'entendre dire : « Si c'est notre *Karma* que de vivre dans la misère, il ne faut pas trop en faire pour en sortir, ce n'est qu'en acceptant notre mal que nous aurons la chance de renaître sur un autre plan. » Voici une attitude religieuse absolument insupportable pour un Occidental !

A. G. : ***Autant cette situation est inacceptable, autant j'admire la réalisation à laquelle sont parvenus quelques-uns de leurs grands saints...***

G. D. : Oui ! j'ai rencontré des êtres qui m'ont permis des expériences assez extraordinaires. Je pense en premier lieu à Ma Ananda Moy. J'ai eu la chance de pouvoir l'approcher seul dans sa pièce rarement ouverte à un étranger. On m'avait demandé auparavant, selon la coutume, quelle question je voulais lui poser. « Aucune ! Je voudrais simplement méditer un peu près d'elle. » C'est ainsi que cela se fit... Ma était assise en face de moi, un peu surélevée, et il émanait d'elle un amour indicible, surtout lorsqu'elle posa ses mains sur ma tête... Je ressentis une chaleur intense, remarquable, mais rien de miraculeux. C'était extrêmement beau, touchant. Elle m'a laissé une profonde impression d'intensité et de plénitude. Ma Ananda Moy fut si bonne en me disant que cette fois c'est elle qui avait reçu le cadeau spirituel donné par le maître à son disciple soit en le touchant, soit en lui offrant des fruits ou des cadeaux, et surtout elle me dit que c'était quelque chose du Christ qui était venu vers elle... Moi, je n'y avais pas pensé, mais elle, avec sa faculté de perception, avait reconnu dans son expérience un Autre que Krishna... Alors que je me séparais d'elle, Ma me dit encore ces mots : « N'oubliez pas que la goutte peut savoir qu'elle se trouve dans la mer, mais rarement elle se rend compte que la mer entière est en elle. » C'est là toute une contemplation...

Il y eut aussi le face à face avec un sage de cent six ans qui habitait dans une caverne au bord du Gange, dans le petit Bénarès où se trouve l'ashram du Swami Shivananda, mort il y a quelques années et que j'ai aussi rencontré. Mais le vieux sage n'était pas là, je ne trouvai qu'une vache et son épouse, car ce jour-là il était allé à Delhi. Je tenais absolument à le rencontrer et Delhi est une ville très grande... Aidé par un ami très bon, je finis par le découvrir. Il commençait une session avec une trentaine de personnes serrées les unes contre les autres dans une petite pièce. Il chantait d'une voix énorme, énorme et les autres répondaient : « Krishna sauve-moi, enlève-moi ma vanité ! » A la fin il vit qu'il y avait un Européen et me demanda si j'avais un désir particulier.

« Oui, dis-je, je voudrais m'asseoir auprès du maître pour méditer les yeux dans les yeux. »

Il accepta très gentiment, me regardant avec ses magnifiques yeux bleus, le visage rempli de force... C'est une expérience très profonde que d'avoir en face de soi un véritable maître et de soutenir son regard. J'ai beaucoup reçu à ce moment-là.

Enfin un troisième aussi m'a fortement impressionné. C'était un Australien qui méditait sur une colline à côté de l'ashram de Shivananda. On le voyait de loin, très grand, tout nu, il était d'un rayonnement extraordinaire ! Il avait écrit une poésie qui relatait sa situation et que mon ami Dhingra me traduisit : « Il était un artiste et Dieu lui avait enlevé les mains, il était chanteur et Dieu lui avait enlevé la voix ; il n'avait plus que ses pieds et il parlait avec ses pieds. » Oui, cet homme était comme un soleil ! Il nous invita à le retrouver le lendemain dans son petit souterrain, avec quelques autres disciples australiens. Nous avons chanté ensemble, serrés les uns contre les autres... Au moment de nous séparer, lui qui était devenu muet me regarda... et je fus traversé par le rayon de lumière qui en cet instant jaillit de ses yeux : un rayon d'amour lumineux...

Voilà les trois grands saints que j'ai rencontrés en Inde : témoins vivants remplis d'essence divine d'où émanait ce Souffle qui révèle la présence de l'Etre.

A. G. : *A vous écouter, j'ai la sensation fascinante de communier à quelque chose d'immense devenu présent parmi nous. On est sans mots, une impression de vertige...*

Mais le moment est venu de vous demander quand et comment le Zen est entré dans votre vie ?

G. D. : Au Japon ! Lorsque j'y fus envoyé en 1937 avec une mission particulière que j'avais moi-même choisie : étudier l'arrière-plan spirituel de l'éducation japonaise.

Dès mon arrivée à l'Ambassade, un vieux monsieur vint me dire bonjour... Je ne le connaissais pas.

— « Susucki », se présenta-t-il. C'était le fameux Susucki qui venait pour rencontrer un certain monsieur Dürckheim arrivant d'Allemagne pour faire certaines études... Susucki est l'un des plus grands Maîtres Zen contemporains. Je le questionnai immédiatement sur les différentes étapes du Zen. Il m'énuméra les deux premières... et j'enchaînai les trois suivantes. Alors il s'exclama :

« D'où savez-vous cela ?

— C'est dans l'enseignement de Maître Eckhart !

— Il faudra donc que je le relise... » (Il le connaissait pourtant déjà bien.)

La seconde rencontre d'une grande importance, c'était mon Maître du tir à l'arc...

Un jour, un ami me fit faire sa connaissance. Je rencontrai un monsieur aux yeux noirs, immenses, avec une petite barbiche, assis par terre, qui tout de suite me demanda mes impressions sur les premiers mois passés au Japon. Bien vite il me coupe la parole et me dit :

« C'est complètement superficiel !

— J'en suis bien conscient, mais que faire pour arriver à plus de profondeur ?

— Il faut creuser profondément en un certain point, alors la périphérie du cercle aura gagné en profondeur, c'est le tir à l'arc...

— Je n'ai que peu de temps, qu'un tout petit jardin et pas de Maître...

— Il vous faut une heure chaque jour, trois mètres d'espace et je serai votre Maître. »

Deux jours plus tard nous commencions... C'est là que j'ai compris le Zen en tant qu'exercice. Vous savez que le disciple du tir à l'arc tire durant trois ans sur une cible de paille d'un mètre de diamètre, à trois mètres de distances... Il s'agit bien d'un exercice intérieur qui n'a plus rien à voir avec le fait de toucher une cible de l'extérieur.

Et puis j'ai rencontré un ami qui m'a appris l'assise dans le sens du zazen. C'est dans ces circonstances, que j'ai découvert le Zen.

De temps à autre, je revoyais Suzucki ; il est venu plus tard me voir à Todtmoos.

Il était ici en 1954 et je venais de recevoir un télégramme de l'Académie protestante de Munich me demandant une conférence sur la sagesse orientale. Je profitai de sa présence pour lui demander : « Maître, pourriez-vous en deux mots me dire ce que c'est que la sagesse orientale ? »

Il sourit et dit : « Le savoir occidental regarde au-dehors, la sagesse orientale regarde au-dedans. » Je me dis en moi-même : « Ce n'est pas tellement grandiose comme réponse... » Mais il continua : « Cependant, si vous regardez en dedans comme vous regardez au-dehors, alors vous faites du dedans un dehors... »

Voilà ! Phrase extraordinaire et j'y tiens !... Cette réponse révèle tout le drame de la psychologie occidentale qui regarde au-dedans comme on regarde au-dehors en faisant du dedans un dehors, c'est-à-dire un objet... et la vie s'en va...

Alors je compris que toute vérité est à découvrir avec cette sagesse-là et ma conclusion était : apprendre à regarder au-dehors comme on devrait regarder en dedans. Cette découverte m'a beaucoup apporté dans ma vie, dans mon travail. Elle rejoint ce merveilleux vers de Novalis : « Toute surface visible a une profondeur invisible élevée à l'état de mystère... »

A. G. : *C'est ainsi que vous avez acquis la conviction que l'homme occidental claudique parce qu'il a oublié toute une partie de lui-même. En proposant le Zazen en Occident, l'assise comme exercice particulier du Zen, vous ne faites nullement de l'orientalisme, mais vous révélez une sagesse universelle, une chance de transformation et de liberté fondamentales. Vous offrez une expérience accessible aux hommes de tous les pays et de tous les temps. Seul un être humain unifié peut pleinement prendre conscience de sa participation au divin. Et cette Transcendance, chacun, dans sa liberté, la nomme selon sa conscience religieuse et son expérience propre. Dans le Zen, ce sera « la nature de Bouddha », dans l'hindouisme « l'Atman », dans le christianisme « la divine Trinité » révélée par le Christ dans l'Esprit...*

G. D. : Pour faire l'expérience de cette réalité ultime, l'Occidental manque de « méthode ». Le Zazen, qui est la façon principale de vivre le Zen dans l'exercice, ouvre un Chemin dans le désert de l'abstraction actuelle pour lui permettre d'avancer vers sa maturité véritable.

Ce qui m'intéressait dans le Zazen, c'est que sans théorie ni introduction, on entre directement dans l'exercice. On y offre à chacun la possibilité de bien s'asseoir et, ancré dans le « Hara » — centre de gravité —, d'entrer dans une posture qui met de plain-pied dans la réalité visée. Mais celle-ci n'est accessible qu'à une condition : le vide. J'insiste sur l'importance du vide, souvent mal compris en Occident. Il ne s'agit pas du tout de se jeter dans le néant, mais de se débarrasser de tout concept, de toute image. De devenir, comme on dit dans le christianisme, la coupe de la Vierge, de se libérer, afin que l'Esprit nous couvre pour donner naissance à la vie. C'est le vide de toutes choses qui devient le seuil de l'expérience du Tout. Ce n'est que l'absence de la multitude qui ouvre la porte à l'expérience de la Plénitude. Le Zazen est une préparation à cette ouverture de notre être.

A. G. : *Ouverture qui est un état de virginité en la réalisation des Béatitudes : « Heureux les pauvres en esprit, car le Royaume des Cieux est à eux... Heureux les cœurs purs, car ils verront Dieu », ou encore l'appel à tout quitter qui résonne tout au long de la Bible, depuis Abraham jusqu'au jeune homme riche : « Va, vends tout ce que tu as... » N'être absolument rien, c'est être tout. La pauvreté parfaite ne se trouve que quand le vide parfait est la plénitude parfaite. C'est aussi « l'innocence paradisiaque » vers laquelle tendaient les Pères du Désert et dont le staretz Zozime s'est fait si bien le porte-parole dans « Les Frères Karamazov »...*

Mais peut-on être à la fois un sage japonais et un Père du désert ?

G. D. : Je dirais qu'il ne faut pas prendre les termes « Orient - Occident » dans un sens géographique. La meilleure image en est l'homme et la femme. L'homme n'est pas seulement homme ou femme. Elle est en lui, lui est en elle, et dans la mesure où l'homme ne développe pas le féminin en lui et vice-versa, il ne devient pas un homme mais un robot ! Si l'Occident veut rester humain, il lui faudra bien prendre au sérieux ce qu'il y a d'oriental en lui, et ce n'est que dans la mesure où les Orientaux intégreront quelque chose de cette force particulièrement masculine de l'Occident qu'ils pourront survivre.

On peut donc dire que l'intérêt que nous Occidentaux portons maintenant à l'Orient vient du fait que l'Oriental en nous-mêmes commence à s'éveiller et nous dit : « Écoute, mon cher, si tu ne m'acceptes pas tu vas mourir étouffé dans les immeubles et le béton que tu construis avec ton esprit rationnel ! »

A. G. : *Votre œuvre est un peu la chambre nuptiale qui permet cette fécondation réciproque de l'Orient et de l'Occident en nous-mêmes. Elle est pour notre temps un signe d'espérance et d'enfantement...*

II

GRANDEUR ET DÉCADENCE DE L'HOMME

ALPHONSE GOETTMANN : *Avant d'entrer maintenant dans le détail de votre message, pouvez-vous dire en quelques mots quel est le noyau de votre enseignement ?*

GRAF DÜRCKHEIM : Je répondrais : c'est la prise au sérieux de la double origine de l'homme, « céleste » et « terrestre ». L'Occident l'a oublié en estimant que le « céleste » était du ressort exclusif de la foi et que seul le « terrestre » pouvait faire l'objet d'expérience et de pratique. L'Occident a frustré l'homme dans son développement spirituel. Or l'origine céleste de l'homme fait partie de son être essentiel, il participe dans la profondeur de son être à l'Etre divin et peut en devenir conscient dans des expériences particulières. L'homme se trouve citoyen de deux mondes : celui de la réalité « existentielle », conditionnée, bornée par le temps et l'espace, accessible à la raison et à ses pouvoirs, et celui de la réalité «essentielle», non conditionnée qui est au-delà du temps et de l'espace, accessible seulement à notre conscience intérieure et inaccessible à nos pouvoirs.

La destinée de l'homme est de devenir celui qui peut témoigner de la Réalité transcendante au sein même de l'existence. Pour y parvenir, il nous faut tout d'abord apprendre à prendre au sérieux les expériences par lesquelles, en des instants privilégiés, l'Etre nous touche et nous appelle. C'est le sens fondamental de tout exercice spirituel tel que je l'entends : s'ouvrir à une saisie de notre être essentiel à travers des expériences qui le manifestent et réaliser de plus en plus une manière d'être qui nous permet de témoigner de l'Etre dans la vie quotidienne.

La double origine de l'homme est ainsi ouverte à l'expérience. Elle représente la source, la promesse et la tâche fondamentale de l'homme, dont la base est l'expérience de l'Etre et l'exercice initiatique du chemin, qui est la vérité et la vie de l'homme « éveillé ». Il me semble que l'heure est venue où l'Occident s'éveille à une expérience de l'Etre et à une pratique de la Voie qui n'est pas un privilège de l'Orient mais qui peut devenir, par contre, la chance et la condition humaine d'une religion vivante.

A. G. : *Grandeur et décadence de l'homme ! Cri d'alarme et en même temps chant d'espérance... c'est le résumé de votre message.*

Sans être masochiste il faut bien reconnaître que l'homme d'aujourd'hui est malade... Il s'est tellement adapté au monde que le meilleur de lui-même se trouve dans une impasse. La maîtrise des sciences, de la technique et de l'organisation l'ont rendu captif de ce monde « terrestre » alors que sa réalité profonde, absolue, « céleste » est au-delà de l'espace et du temps dans lequel il s'est enfermé. Un au-delà pourtant nulle part ailleurs qu'au fond de lui-même. « Le Royaume de Dieu est au-dedans de vous », dit l'Évangile.

G. D. : Au moment-même où l'homme croit être à son sommet, aveuglé par ses succès extérieurs et la promesse de ses capacités pour l'avenir, il n'a jamais été en fait aussi éloigné de la vérité de la vie et de sa maturité personnelle. Son moi « mondain » hypertrophié l'a séduit au point qu'il le considère comme la seule source de connaissance, la connaissance objective. Par là, ce moi est le principe de la grande scission intérieure. En lui l'unité de l'être se brise en deux : l'accent unilatéralement mis sur le pôle extérieur, rationnel, étouffe la réalité profonde et sépare l'homme de l'Être.

A. G. : *C'est la source de mécontentement, de nostalgie et de souffrances inexplicables, la cause de nombreuses maladies et perturbations psychiques, la perte même du sens de la vie. Mais voilà le résultat d'une histoire qui est aussi vieille que l'homme !*

G. D. : A la fois vieille et plus que jamais actuelle ! Nous parlons du péché originel. L'homme veut devenir dieu par ses propres moyens et pour y arriver il mange des fruits de l'Arbre de la Connaissance, la Connaissance Volontaire et objective. Il dit : « Moi, je suis Moi », ou pire encore : « Je veux rester ce que je suis ». Et cela commence très tôt, aux alentours de l'âge de trois ans, quand l'enfant dit pour la première fois : « Qu'est-ce que c'est, ça » et : « moi, je... » C'est là que l'unité indifférenciée avec le divin en lui se brise et que l'homme s'installe progressivement dans l'autonomie séparée par son ego.

A. G. : *Il distingue le bien et le mal, comme dit la Bible, tombe dans les opposés et se fabrique une idéologie dans laquelle il se projette. S'étant coupé de la Vie qui est au-delà du dualisme, il déchire l'image de Dieu qui l'habite, et se crée un comportement à sa propre image...*

G. D. : Voilà le péché qui arrête la vie qui ne connaît pas d'arrêt. En se fixant à quelque chose et en lui-même, l'homme s'établit tout à coup dans une réalité statique opposée à la Vie qui ne connaît pas d'arrêt.

Il se confine dans l'univers pétrifié des concepts, des pensées, des fameuses catégories de Kant : le temps, l'espace, l'identité et la causalité. A partir de cette conscience objectivante, il se met en dehors de la réalité primaire, la vraie Vie. Alors « la mort devient la rançon du péché » dans ce sens que l'homme se met sur un autre plan, il tourne pour ainsi dire le dos à sa patrie originelle et se trouve en exil. En même temps, la mort dernière apparaît comme une réponse effrayante à celui qui vit à l'abri de ses propres sécurités.

A. G. : *Je souris en pensant à la petite parabole du scarabée qui rencontre un jour un mille-pattes.*

« Comment fais-tu, dit le scarabée, pour toujours lever au bon moment la cent vingt-septième patte et poser la huit cent cinquante-neuvième sans jamais te tromper ? »

Le mille-pattes, tout surpris par une telle question (aussi intellectuelle), se met lui aussi à réfléchir... et le voici paralysé, incapable d'avancer.

Mais, soyons sérieux ! Un moine du VIIe *siècle, saint André de Crète, dit que « l'homme est idolâtre de lui-même ». C'est une des meilleures définitions de notre déchéance originelle. La force qui l'orientait vers son Être essentiel qui est le fond même de sa nature d'homme, il l'a détournée vers son petit moi. Et ce faisant, il se sépare de sa Source de Vie et mène une existence contre nature. Il vit dans le mensonge de lui-même, refoule sans cesse sa soif essentielle et avance « à tombeau ouvert ». Sa vie est une mort et ce qu'il fait vicie tout à « l'origine », il se désintègre et désintègre l'univers avec lui. C'est le péché originel. De cette aliénation intérieure, nous faisons l'expérience tous les jours ! Mais cette situation de mort, nous avons la capacité de la transformer en situation de résurrection. La métamorphose est possible, c'est le but de tout votre travail !*

G. D. : Au fond, l'homme reste toujours l'enfant du paradis.

A. G. : *« Adam où es-tu ? » ne cesse d'appeler Dieu au plus profond du cœur de l'homme.*

G. D. : Mais « il n'a plus d'oreilles pour entendre ». Propulsé dans ses idées, il n'entend plus que le Dieu des philosophes et ferme la porte à l'Être qui continue à l'appeler et à le chercher. Mais le péché originel est aussi la chance originelle de l'homme, qui lui permet de devenir conscient du Divin. Le but de la vie va donc être de retrouver son sens profond, car il n'y a pas de maturité humaine sans la fusion des deux pôles. L'union de l'homme avec son fond profond, grâce auquel il s'éveille à l'Être et lui permet de se manifester dans l'existence, est l'axe autour duquel devrait graviter toute notre vie. Sans cela il n'y a pas de vraie éducation ni de médecine sérieuse, et toute autre instance qui prétend s'occuper de l'homme est vouée à l'échec. Seule cette union du moi existentiel avec le moi essentiel, tenant compte de toute la dimension de l'homme, le porte à sa pleine maturité et donne des fruits, dont le premier et le plus important est de pouvoir dire « Je suis ». Et cela dans toute la plénitude du mot. De ce devenir du « je » et de son plein épanouissement, dépend le rapport de l'homme au monde, à lui-même et à la Transcendance.

Au début et à la fin, à l'origine et dans le développement de toute vie se trouve le « Je suis » transcendant. Au cœur de tout ce qui est, l'homme pressent secrètement ce grand « Je suis » d'où vient et vers lequel retourne toute vie. Chaque être est appelé à réaliser dans sa forme propre ce « Je suis » divin, qui cherche à s'exprimer dans des modalités aussi variées et diverses que le sont toutes les créatures de l'univers.

A. G. : *Comme Moïse devant le Buisson Ardent, nous soupçonnons sa Présence, mais nous ne la reconnaîtrons que lorsque nous aurons, comme lui, enlevé les sandales de notre moi... Ne croyez-vous pas que ce soit là le devoir le plus important pour l'homme de notre temps ?*

G. D. : Oui, aujourd'hui la question la plus importante concerne la redécouverte de l'homme essentiel. Il s'agit de libérer le Saint-Esprit en nous-mêmes et de prendre au sérieux le péché originel, non comme une histoire du passé, mais comme le seul péché qu'on ne cesse de commettre. Il est capital de redécouvrir l'essence dans la substance conditionnée, le non-conditionné dans le conditionné.

La souffrance de l'homme, c'est d'être étranger à lui-même. C'est là son mal le plus profond...

A. G. : *... le plus personnel et le plus universel.*

G. D. : Exactement ! Car le péché est devenu collectif, à la suite de quoi (je parle maintenant de l'Occidental) la civilisation n'a développé qu'un pôle de l'être humain et a sacrifié l'autre. L'homme se trouve toujours appelé à une double mission : reconnaître et maîtriser le monde dans lequel il vit, c'est l'œuvre pour laquelle il a besoin d'efficacité ou d'efficience, mais en même temps il est vital qu'il mûrisse sur le chemin intérieur. Le fruit de cette maturité sera la personne transparente à son être essentiel dont il témoignera dans l'existence.

C'est un fait que la civilisation occidentale a totalement négligé cet aspect-là. Aujourd'hui encore, l'homme dans le sens profond du mot n'a pas de place dans l'éducation. Ça commence à l'école : tout est organisé, l'enfant n'a aucune liberté créatrice ; très tôt il doit veiller à avoir de bonnes notes sous peine de ne jamais pouvoir entrer dans une école supérieure ou à l'université. Le petit enfant un peu lent, rêveur, qui se penche sur son travail d'une façon presque méditative n'a aucune chance. Seul le calé, la grosse tête, le rapide est digne d'intérêt.

La formation universitaire, par exemple la médecine, ne donne au long des années aucun cours sur l'être humain. Tout vise le corps. La plupart des médecins de notre temps basent leur savoir sur une physiologie, tout au plus une psychologie... Un chirurgien allemand renommé a dit une fois : « Dans toutes mes opérations je n'ai jamais rencontré une âme ! » Mais ça vient... Dans les hôpitaux supra-modernes il y a quelqu'un qui est sur le chemin et qui commence à bloquer le déroulement de toute cette technique : c'est le malade !!!... Lui seul a encore des désirs personnels qui ne vont pas avec l'organisation des « teams », qui ont découpé l'homme en morceaux nécessitant chacun une recherche particulière. On ne s'occupe pas de l'être humain... C'est une caricature, bien sûr, mais ça va tout de même dans cette direction.

Il en est de même dans la vie de l'État ; c'est un filet de lois, d'ordres, d'ordonnances et d'organisations qui laissent très peu de liberté à l'homme.

La liberté de l'homme est réduite à la liberté d'accepter la non-liberté, ce n'est pas tout-à-fait le projet de Dieu pour l'homme !!

C'est curieux, car même l'Église n'a pas été épargnée, elle est devenue une organisation d'où les théologiens, hommes de science, ont évacué toute mystique...

A. G. : *Eckhart est condamné comme hérétique, François d'Assise contraint à une règle, Jean de la Croix jeté en prison, Jeanne d'Arc brûlée vive... Louis Cognet, professeur à l'Institut catholique de Paris, disait un jour avec son sérieux habituel de fouineur scientifique que l'on pourrait faire le plus passionnant des livres rien que sur les misères infligées par les autorités ecclésiastiques de tout poil aux spirituels et aux mystiques !*

Mais la théologie n'est devenue une science qu'à partir du Moyen Age et la cassure a été consommée avec la Renaissance. Cependant, la tradition orthodoxe n'a jamais distingué nettement entre mystique et théologie, entre l'expérience personnelle des mystères divins et le dogme affirmé par l'Église. La visée qui dominait constamment la pensée des Pères grecs était la déification ou l'union avec Dieu à laquelle tous les chrétiens devaient accéder. La théologie ne servait que cette cause. Elle n'était pas une matière à diplômes et n'invitait jamais à la carrière universitaire, mais à l'expérience mystique. La vieille tradition de l'Église a donné le nom de « théologien » à trois écrivains sacrés : saint Jean, le plus mystique des quatre évangélistes, saint Grégoire de Nazianze, auteur de poèmes contemplatifs et saint Siméon, chantre de l'union avec Dieu...

G. D. : Voilà le vrai sens de la théologie, qui doit rester un chemin initiatique ; entendons par « initiatique » ouvrir la porte au mystère. Ce chemin est à développer en Occident avec ses deux pôles : l'un est l'expérience initiatique qui ne mérite ce nom que dans la mesure où l'homme se sent touché par l'être essentiel et appelé à ce développement dont le fruit est la personne, et l'autre, ce sont les moyens pour parvenir à la transformation. Je répète que la question la plus importante de notre temps pour l'homme occidental, c'est d'abandonner cette vision de la vie unilatéralement dirigée vers la maîtrise du monde, de l'existence dans le temps et l'espace. Il faut comprendre que l'existence n'a de sens que par le témoignage de l'essence, de la vie entière qui est le Verbe, le Christ intérieur et le Christ universel présent en chacun de nous, en toutes choses.

Hélas... l'éducation, y compris celle des séminaires d'ailleurs, déraille l'homme de son chemin spirituel et de sa réalisation véritable jusqu'à présent.

A. G. : *Il est important de prendre conscience qu'aucune structure nouvelle, aucune révolution ne changera l'homme ; un monde nouveau ne peut naître que d'un homme nouveau. Les jeunes générations le pressentent maintenant. On assiste à un débranchement colossal de l'action politique, surtout aux U.S.A., pour une ruée vers l'âme tout à fait anarchique mais prometteuse. Mai 1968 était le dernier essai de récupération par la politique et les syndicats de ce qui en fait était un cri d'asphyxie de l'être. Les hippies en étaient déjà un signe avant-coureur, puis la drogue et aujourd'hui la débandade des multiples techniques de libération confirment cette hypothèse. Au sein même de l'Eglise, par-delà les déviations dénoncées, s'amorce le retour aux sources...*

G. D. ... parce qu'on s'aperçoit que c'est la tradition mystique qui touche à la vérité essentielle. Bien sûr, elle n'est pas capable de fabriquer des avions et de conquérir l'espace, mais la véritable conquête de l'homme, n'est-ce pas d'abord lui-même ? L'homme d'aujourd'hui n'est plus l'homme des temps modernes, mais celui des temps nouveaux. Nous sommes à l'époque du Saint-Esprit... Il y a eu l'âge du Père, puis celui du Fils, et nous entrons dans l'âge de l'Esprit où l'homme devient indépendant par la découverte du Divin en lui-même. C'est tout à fait nouveau !

A. G. : *Malraux, qui était pourtant agnostique, se faisait le prophète de ces temps à venir. « Le* XXI*e* *siècle, disait-il, sera un siècle spirituel ou ne sera pas. » Il serait intéressant de préciser un peu...*

G. D. : L'âge du Père, c'est l'homme soumis aux ordres, aux lois du Dieu Père, règne du Père qui a été plus ou moins en vigueur dans l'Eglise catholique. Puis l'âge du Fils qui n'est plus soumission aux ordres du Père, mais l'éveil à l'Amour. Le Père-Gendarme qui fait peur devient le Père-Amour que le Fils révèle, afin que d'esclaves nous devenions à notre tour fils de Dieu dans la liberté.

Nous entrons aujourd'hui dans le temps annoncé par le Christ lui-même : « Il est temps pour vous que je m'en aille... je vous enverrai l'Esprit. » C'est la découverte de l'Esprit en nous-mêmes qui marque notre temps ; il me semble que c'est un autre monde, un autre concept pour signifier la transcendance intérieure. Et cette transcendance même dépasse, réunit, concilie les opposés. Si l'Esprit, le grand Troisième de la Sainte Trinité, est Celui qui assure l'unité du Père et du Fils, il marque en même temps l'unité absolue dans la diversité absolue. Cette immense force créatrice même, qui est au-delà des opposés et de la vie multiple, est notre propre transcendance intérieure. Dès que celle-ci s'éveille en nous, elle nous transporte sur un autre plan qui est au-dessus du bien et du mal. Par exemple, l'exigence du Christ d'aimer son ennemi : le moi rationnel ne peut le faire, nous le savons trop bien, c'est contre nature ; alors, pour obéir à cette demande sans justement se casser la tête, il faut bien se situer sur le plan transcendant. Je crois qu'il y a toujours deux façons de comprendre les paroles du Christ : l'une extérieure et rationnelle, l'autre intérieure, expérimentale et transformante. Il me semble que le Christ a toujours cherché à éveiller en nous ce plan de la transcendance qui est au-dessus du bien et du mal.

Cela est très fort aussi dans le commandement : « Tu aimeras ton prochain comme toi-même. » Comme toi-même, dans un cerveau naturel, cela présuppose de s'aimer beaucoup soi-même et de se donner un peu la peine d'aimer l'autre de cette manière-là ; c'est une explication à la fois naturelle et morale... Mais le Christ a voulu dire tout à fait autre chose, me semble-t-il : « Aime l'autre en tant que toi-même », c'est-à-dire qu'il faut retrouver dans l'autre son propre Etre essentiel, le Christ. Il n'y a qu'une essence, et je crois que dès que s'ouvre en nous l'œil spirituel ou transcendant, nous voyons dans l'autre ce que nous sommes nous-mêmes dans notre essence. C'est alors qu'il y a une vraie rencontre de deux êtres branchés sur leur être essentiel, rencontre d'essence à essence, rencontre du Christ. Voilà pourquoi Jésus dit : « Si deux ou trois sont réunis en mon nom, je suis au milieu d'eux. » C'est Lui qui parle dans tous les trois !

A. G. : *Parce qu'on a trop souvent compris les paroles du Christ de l'extérieur, nos relations restent superficielles, et la rencontre vraie de deux personnes est rarissime. L'un enferme l'autre dans son rôle..., le médecin ne voit dans le malade qu'un cas, le professeur dans l'élève un quotient intellectuel, le patron dans l'ouvrier un élément rentable, le prêtre dans ses ouailles des brebis galeuses... L'utilitaire et le fonctionnel dominent pour la plupart du temps nos rencontres, souvent jusque dans nos relations les plus intimes telles le couple ou la communauté...*

G. D. : C'est précisément ce plan existentiel que le Christ nous invite à transcender, alors notre attitude change complètement. Dans les exemples que vous venez de citer, prenons celui de la médecine... Le médecin reçoit un malade... Il entre dans son problème et peu à peu ce n'est plus la maladie qui l'occupe mais le malade. Et voici qu'il se trouve face à un être humain, sur un autre plan, pas celui de la médecine mais du thérapeute. La rencontre s'approfondit de plus en plus, il n'y a plus de supérieur et d'inférieur, mais deux personnes qui se rencontrent dans l'égalité et la vérité, au-delà de la carapace existentielle. Alors se manifeste dans la relation un troisième... le Grand Troisième qui maintenant conduit le dialogue, et c'est par Sa Présence que les problèmes se branchent sur une autre Source pour résoudre les difficultés.

A. G. : ***Au nom même de cette expérience, quelques rares médecins osent aujourd'hui dire à leur malade : « C'est moi qui vous soigne, mais un Autre vous guérit... »***

Quel bouleversement serait-ce si cette manière de vivre la relation s'introduisait entre époux, dans la famille, les communautés, l'école, la politique !...

III

CIEL ET TERRE: DOUBLE ORIGINE DE L'HOMME

ALPHONSE GOETTMANN : *Vous venez d'amorcer une nouvelle image de l'homme, vous brisez en quelque sorte les structures habituelles de la pensée et vous le dévêtez de toutes ses sécurités extérieures pour frayer un chemin vers une expérience personnelle et authentique du sens intime de sa vie. Vous criez « Bas les masques », c'en est assez ! Le carnaval du personnage est fini... Nous voici à l'heure de la Personne ! Au sein de cette comédie tragique dans laquelle vit l'homme de notre temps, vous proposez votre anthropologie. Pourriez-vous vous étendre là-dessus ?*

GRAF DÜRCKHEIM : Il y a deux sortes d'anthropologies. Celle des universitaires, qui étudie l'évolution de l'homme depuis ses origines jusqu'à l'avènement de la conscience conceptuelle d'aujourd'hui ; elle voit l'homme comme une réalité objective composée de trois pôles : le corps, l'âme et l'esprit. On y décortique ses dons et facultés ainsi que les différentes étapes de sa croissance, comme les décrit si bien Jean Gebser : le stade magique, mythique, mental, etc. Mais cette vision-là ne se penche pas sur l'homme qui souffre, qui cherche la joie, le plaisir, qui en réalité cherche le bonheur. On n'y voit pas celui qui cherche un sens à sa vie, qui aime ou qui hait, qui veut vivre ou tuer, l'homme intérieur n'existe pas... La question de l'être et du devenir de l'être humain leur échappe.

Mon anthropologie envisage l'homme en tant qu'être conscient de lui-même, souffrant tout d'abord de ne pas être ce qu'Il est en vérité. Il s'agit de l'homme qui a surdéveloppé son moi existentiel et un beau jour doit apprendre à le transcender pour retrouver sa racine la plus profonde. On pourrait dire que l'homme évolue à travers trois sortes de « moi » :

— le « petit moi » qui ne voit que la puissance, la sécurité, le prestige, le savoir... ;

— le « moi existentiel » qui va beaucoup plus loin que cela. C'est le moi qui veut se donner à une cause, à une œuvre, une communauté, une personne... Il sait très bien dépasser l'égocentrisme, c'est là du reste, à mon avis, qu'il fait son entrée dans l'être humain ;

— enfin ce que j'appelle le « moi essentiel », l'homme qui dit « je ».

A. G. : *Qu'est-ce que le « moi essentiel »* ?

G. D. : C'est le noyau de l'homme par lequel il participe à la réalité surnaturelle de l'Esprit divin universel. L'Etre essentiel est l'absolu en l'homme, la source de sa liberté de personne où le Divin s'exprime sous une forme individuelle et particulière au sein du monde spatio-temporel. Chaque homme devrait pouvoir dire avec Saint Paul : « Ce n'est plus moi qui vit, c'est le Christ qui vit en moi » ; car l'expérience de l'Etre essentiel c'est l'expérience du Christ présent en nous, et l'unité qui s'accomplit à ce moment-là doit être éprouvée comme celle des « sarments et du cep ».

Pour moi donc, l'anthropologie part de l'être conscient, c'est une anthropologie de la personne. Il faudrait ajouter à cette conception la loi que l'homme porte en lui et dont parle le Christ quand il dit : « Je suis le Chemin, la Vérité et la Vie. » Cette phrase est valable pour chaque chose vivante : la fleur est en elle sa vie, son chemin et sa vérité. Il en est de même pour l'homme ; dans son noyau essentiel, il contient sa vie, sa vérité qui ne se réalise que dans la mesure où ce noyau essentiel devient la loi de son devenir. Autrement dit : l'image originelle de l'homme c'est son chemin inné (« *das In-bild ist der Innenweg* »). Le chemin que prend une fleur de la semence au bouton et finalement vers le fruit, c'est cela la réalité de l'image intérieure mise à l'œuvre, c'est ce chemin qui a une séquence d'étapes prédonnées, déjà contenues dans la semence, dont la mise en mouvement est la vie de la fleur et sa vérité. C'est donc la loi du devenir qui est le chemin, et le cheminement sans faute est la vérité de l'être et la vie. Ainsi quand le Christ dit : Je suis ceci ou celà, il dit quelque chose qui est une Loi universelle. La prise de conscience de ce Principe universel nous pousse très loin dans la profondeur de la conscience que nous avons de nous-mêmes.

A. G. : *Cette conscience que nous avons de nous-mêmes aboutit finalement à l'expérience d'un Absolu, mais d'abord neutre. Ensuite seulement on découvre le visage du Christ comme son Centre intérieur. Sans cette expérience on tombe dans le mythe ou on répète ce qu'on a appris dans les livres et du haut des chaires...*

G. D. : On n'en a pas une conscience expérimentale, vécue. A ce propos, quand le Christ dit : « Nul ne va au Père que par moi », facilement le chrétien en a une compréhension intellectuelle branchée sur des concepts, donc objectivante et va chercher le Christ à l'extérieur par je ne sais quelle imagination. Alors qu'en réalité le Christ invite l'homme à sortir de l'horizon de son moi existentiel, à plonger dans son Etre essentiel qui est le Christ lui-même pour rencontrer avec lui et en lui le Père...

A. G. : *... qui est l'Origine, la Source intérieure.*

G. D. : C'est la Réalité dans laquelle nous nous sentons en vie, à l'abri, nous découvrons l'Amour. Cela n'enlève évidemment rien à la croyance de celui qui « n'a pas encore d'oreilles pour comprendre », comme dit le Christ. Sans l'oreille intérieure on est limité à la croyance dans son développement spirituel, jusqu'au jour où l'on perce l'horizon de cette conscience et on se trouve tout à coup sur un autre plan ; alors s'ouvre l'oreille de la foi...

A. G. : *Le drame est que la croyance est d'ordre intellectuel et donc ne transforme pas la personne.*

G. D. : Non ! cela ne transforme pas. La croyance permet juste de devenir un homme bon, dans le sens des pharisiens ou de l'éthique.

A. G. : *C'est moral.*

G. D. : Voilà... c'est le résultat d'une petite tradition qui a formé des êtres « comme il faut ». La fidélité à l'expérience est devenue soumission à un cadre de vie et à un ensemble de lois imposées par la communauté dont on fait partie.

A. G. : *Au fond ce christianisme-là n'a fait que changer de lois et beaucoup vivent encore dans l'économie de Moïse, faisant de Jésus un législateur amélioré. Dans ce cas je ne parlerais même pas de communauté, qui suppose précisément la foi et un dynamisme intérieur, mais de collectivité où le comportement de chacun est pensé, prévu, organisé de l'extérieur qui, au lieu de l'expérience, débouche seulement sur l'action socio-politique.*

G. D. : Quand on voit combien le chrétien s'identifie avec sa croyance... en particulier les religieux ! Il a un sentiment de culpabilité, et tout de suite il a peur d'être condamné à je ne sais quoi s'il prend la liberté de lâcher une fois pour toutes le poids fabuleux des formulations apprises depuis sa jeunesse et de faire confiance à ce qu'il ressent profondément en lui-même : la voix intérieure... J'ai reçu l'autre jour une lettre d'une sœur supérieure déjà âgée qui m'écrit : « Je suis heureuse d'avoir enfin trouvé en moi-même la permission de chercher la réalité divine qui m'habite et voici que, morceau par morceau, le plâtre tombe ! » Qu'est-ce que ce plâtre sinon une croyance dictée par l'Eglise ?

Neumann, le successeur de C. G. Jung, a écrit un livre sur *La psychologie de la profondeur et la nouvelle éthique* où il parle du bien et du mal et de la conscience : L'homme qui fait partie d'une communauté, ayant cette communauté dans son système, porte la présence de sa communauté dans la conscience qu'il a du bien et du mal. L'appartenance à sa communauté réduit le membre à une conscience de l'ordre des lois et des vertus. Son état de membre représente la vie de la communauté présente en lui. La voix de la conscience dans le membre de la communauté est la présence de la communauté dans le membre.

A. G. : *A ce sujet un sérieux tournant s'amorce aussi bien chez les philosophes, les sociologues que chez les scientifiques. La phrase percutante que Friedmann a risquée après quarante ans de réflexion : « On ne peut spiritualiser, en fait sauver ce monde, sans un retour à l'individu, un effort sur soi parti de l'homme intérieur » trouve aujourd'hui un écho de plus en plus large. Je pense à* La gnose de Princeton *ou aux fameuses thèses de Schumacher ; il est vrai que Jaspers, Mounier, Einstein et quelques autres étaient déjà « prophètes » dans ce sens-là un demi-siècle plus tôt...*

G. D. : Alors c'est un sursaut extraordinaire que notre temps exige de nous ! En effet, le psychologue Neumann se situe bien dans cette visée... Avec quelle audace il incite l'homme à écouter « la petite voix intérieure » qui lui souffle parfois de faire tout à fait autre chose que ce qui est prévu par la communauté, au risque de la blesser, voire même de la quitter ; le courage de dire « Non ! » et de se sentir fondamentalement libre... A ce moment-là « la petite voix » représente la présence de l'Être. Il y a la conscience relative qui est remplie des exigences de la communauté et il y a la conscience absolue qui est l'expression de l'Être et qui exige à certains moments une infidélité à ce que demande la communauté. C'est frappant de voir le Christ dire à un jeune homme qui voulait le rejoindre seulement après avoir enterré son père : « Laisse les morts enterrer les morts ! » Quel scandale ! Le Christ exige de cet homme un comportement absolument impossible dans la loi de la tradition juive, selon laquelle enterrer les morts était un devoir sacro-saint. En suivant le Christ, le jeune homme trahit sa communauté...

A. G. : *Le Christ renverse l'ordre établi par ses invectives contre les Pharisiens et bouleverse les consciences pour nous mettre face à l'absolu. Certaines de ses paroles sont, il l'a dit lui-même, comme un « glaive » qui tranche dans ce qui nous est le plus cher : « Je suis venu séparer et dresser l'homme contre son père, et la fille contre sa mère, et la bru contre sa belle-mère, et l'homme aura pour ennemis les gens de sa maison. Qui aime père ou mère plus que moi n'est pas digne de moi, et qui aime fils ou fille plus que moi n'est pas digne de moi. » C'est inhumain et impossible pour la « conscience relative » dont vous parlez !*

G. D. : Ça existe... j'ai vécu cela... C'était en rentrant de la guerre de 1914-1918, après quatre années de front, l'Allemagne se trouvait dans une situation assez curieuse... Toutes les traditions étaient menacées par le communisme, grand péril de cette époque. La Rhénanie était la plus atteinte ; avec le restant des soldats encore fidèles, on constituait des petits bataillons pour aller combattre les communistes. En tant qu'officier, j'avais formé un de ces bataillons et préparé l'offensive. Et voilà que la nuit je me réveille et j'entends « la petite voix » me dire : « Tu ne seras plus soldat, ce temps est terminé, tu ne sortiras pas avec ton régiment ! » Cette voix résonnait avec une telle certitude qu'aucune contradiction n'était envisageable. Situation absolument impossible pour un officier ! J'étais lié par mon serment de soldat et voici que je me trouvais appelé par une autre voix à le trahir... Je me présentai à mon supérieur en lui disant : « Je ne sortirai pas, je resterai ici, il n'y a rien à faire, pour moi être soldat c'est fini ! » J'ai eu la chance de me trouver devant un colonel aux côtés duquel j'avais combattu au front dans des moments très dangereux. Il me connaissait et savait que ce n'était pas la peur qui me guidait mais l'obéissance à quelque chose d'absolu au fond de moi-même. Il me regarda profondément dans les yeux et me permit d'obéir à moi-même... Mais il aurait pu réagir autrement !...

Un an plus tard je faisais la deuxième expérience de la conscience absolue... Comme fils aîné, je devais hériter de la propriété familiale de Steingaden, il s'agissait du château et des terres des comtes Dürckheim... Je traversais une période de doutes et, un matin, je m'éveillai à nouveau avec cette certitude inébranlable : « Tu ne dois devenir ni propriétaire ni terrien, ton chemin est ailleurs !... » Face à cette prise de conscience se dressait la vieille tradition de ma famille qui, elle aussi, me collait fortement à la peau : avant tout les liens profonds qui m'unissaient à mon père auquel je ne pouvais infliger cela, et, enfin, ma terre natale à laquelle j'étais attaché par toutes les fibres de mon être... Mais une fois de plus, il n'y avait aucun doute, la conscience absolue avait parlé, je devais déchirer ces liens et suivre mon Chemin à moi !...

La conscience absolue est un jaillissement de la force créatrice et transcendante qui nous habite. C'est une arme contre toutes les nécessités extérieures, elle nous libère de tout conformisme, des tabous moraux et des pratiques traditionnelles imposées par les croyances.

On est sur une Terre nouvelle qui n'a rien, absolument rien de commun avec l'ancien monde. Tout est différent et pourtant familier pour celui qui y entre : son comportement, ses relations, sa manière de connaître, la qualité et le sens de tout ce qu'il touche ou appréhende. Il a déposé les œillères d'un monde clos pour entrer dans le vaste domaine de la liberté, où vivre, c'est faire sauter tous les systèmes de sécurité et éventuellement désobéir à l'ordre établi, voire abandonner les relations superficielles qui empêchent le contact avec l'Être... C'est en quelque sorte le premier pas du retour de l'exil.

« Son royaume n'est pas de ce monde », là où il vit tout est mouvement, jaillissement, révolution permanente, jamais d'arrêt ni de point d'arrivée. L'homme éveillé est un foyer de trouble. Il ne supporte les systèmes en place que s'ils bougent et amènent le changement, il combat tout ce qui sclérose l'avenir.

Le chemin vers l'Être est toujours dangereux, surprenant, inédit pour tous, à commencer par celui qui le prend...

A. G. : *Je vous écoute avec un sourire ému, car nous aussi, mon épouse et moi, nous nous sommes engagés sur ce chemin-là. Nous étions déchirés entre les lois morales, les dramatiques « Ce n'est pas bien ! », « Ça ne se fait pas ! », « Tu n'as pas le droit ! », les incompréhensions de toutes parts... et l'appel puissant émanant d'une autre conscience. Mais rien n'a pu faire taire la « petite voix » toujours présente au fond de nous-mêmes et notre détermination à la suivre jusqu'au bout...*

G. D. : C'est ainsi que vous avez trouvé votre Chemin ?

A. G. : Oui ! Chemin qui a abouti à l'Église orthodoxe au sein de laquelle nous pouvons vivre notre foi dans la plénitude de ses racines bibliques, patristiques et liturgiques.

G. D. : J'ai bien connu le fondateur de l'Orthodoxie française, Mgr Jean de Saint-Denys. A son contact j'ai senti qu'il y avait là une tout autre tradition et quelque chose de formidable à découvrir ! Mgr Jean était un être plein d'humour, au rire si communicatif. Il émanait de lui un rayonnement prodigieux et une force peu commune...

A. G. : *Nous le considérons comme l'un des plus grands théologiens de notre temps, non pas un théologien abstrait mais toujours en contact avec le monde surnaturel, à la fois génie humain et visionnaire. Son intuition était que la restauration de l'Orthodoxie primitive en Occident serait sans doute l'un des événements les plus importants du* XXe *siècle. L'espérance de tout vrai œcuménisme n'est-il pas dans la redécouverte de la grande Tradition commune à toutes les confessions chrétiennes ?*

Je dois vous dire ici toute ma reconnaissance de m'avoir puissamment ouvert par votre présence et votre enseignement à prendre ce chemin...

G. D. : C'est le Christ qui est venu nous révéler que nous ne sommes pas les serviteurs d'un Dieu lointain et soumis à un potentat extérieur, mais les enfants d'un Père appelés à s'éveiller aux sources vives de l'Esprit divin présent en eux, dans leur essence.

A. G. : *Nous venons de concrétiser « la petite voix » par des exemples tout de même exceptionnels, mais que devient-elle dans la vie courante ?*

G. D. : Celui qui a « des oreilles pour entendre » peut la percevoir à tout moment, jusque dans les plus petites situations. Par exemple : nous sentons le besoin de méditer, de plonger dans la profondeur de nous-mêmes, et en même temps il y a une lettre à écrire à une personne qui souffre. Les deux exigent notre présence et nous faisons la distinction entre l'appel de l'être et l'appel de l'existence... Que faire ? On se décide à méditer, et voilà que se manifeste tout à coup un autre centre vis-à-vis duquel on se sent responsable pour la décision qu'on vient de prendre. Peut-être est-ce ce centre qui dit : « Cette fois tu aurais mieux fait d'écrire cette lettre et de répondre à une exigence de l'existence plutôt qu'à l'exigence de ton être essentiel. » Il y a ce « je » dont la conscience est au-dessus de l'être essentiel et de l'être existentiel en tant que source de conscience et appelé à unifier toujours davantage cette double polarité de l'être humain. C'est un « je » mystérieux, dont jamais aucune psychologie n'a parlé, il distingue entre l'être essentiel et l'être existentiel, admet ou refuse l'impulsion venant de l'un et de l'autre. Celui qui prend le chemin initiatique développe en lui des antennes qui lui permettent de capter la moindre intonation de cette petite voix et de la suivre...

IV

LES QUALITÉS DES CINQ SENS : FENÊTRES SUR L'INVISIBLE

ALPHONSE GOETTMANN : *Dans le champ de son existence l'homme se découvre progressivement sous de multiples facettes. Il y a les choses banales, quotidiennes, visibles, et celles qui le sont peut-être moins, qui nous paraissent parfois étranges ou mystérieuses. Les premières sont palpables et tombent sous le sens, mais pour les secondes cela est beaucoup moins évident. Ne risquons-nous pas de parler trop vite, de nommer ce que nous ne connaissons pas et de tomber même là dans le crédit d'une croyance que nous n'avons pas vérifiée. Au fond, ma question est brutale : qu'est-ce qui vous permet d'affirmer qu'il y a un être essentiel ? Quelles en sont les preuves s'il y en a, et comment se manifeste-t-il ?*

GRAF DÜRCKHEIM : Question centrale ! Tout mon enseignement tourne autour de cette prétention à affirmer qu'il y a un être essentiel. Il ne s'agit là absolument pas d'une réalité extérieure, mais d'une réalité qui existe pour l'homme et dans l'expérience qu'il a de lui-même.

Ce serait ridicule de nier le monde et de le mettre sur le compte de l'imagination comme le font certaines philosophies religieuses pour dire qu'il n'y a que cette réalité intérieure... Certainement pas ! Mais le monde dans lequel l'homme se trouve, c'est le monde de l'homme, c'est-à-dire que nous percevons tout ce qui nous entoure en fonction de ce que nous sommes. A ce propos, je vous livre une réflexion d'un philosophe russe qui dit que pour voir du mouvement au cinéma il nous faut dix-neuf expositions par seconde. Par seconde, c'est-à-dire un battement de pouls. Alors imaginons un être dont le pouls bat mille fois plus vite, un autre mille fois plus lentement ; pour l'un ce qui est un mouvement très rapide c'est quelque chose qui en réalité bouge à peine, et pour l'autre, ce qui bouge à peine est en réalité un mouvement très rapide. Autrement dit, pour l'un le rythme jour-nuit serait une succession vertigineuse de noir-blanc, noir-blanc, noir-blanc..., ce serait ses journées à lui. Ainsi, le monde tel que nous l'envisageons est absolument en fonction de la structure de la conscience humaine. Nous considérons les choses en croyant qu'elles sont telles qu'elles nous apparaissent, en vérité elles ne sont qu'en fonction de nous, de notre conscience : une mouche par exemple a une sensibilité complètement différente de la nôtre ! On est perdu quand on veut réfléchir sur la réalité sans tenir compte de l'homme...

Mais venons-en à l'existence de l'homme. Là, nous avons deux façons de parler de la réalité :

— La première est celle des sciences qui parlent d'une réalité objective dont elles sont capables de dire quelque chose seulement dans la mesure où elles éliminent l'expérience de l'homme, l'expérience sensorielle quelconque. L'expérience de l'homme est remplacée par la photographie ou autre chose. Il y a donc là à une réalité objective qu'on peut prouver, elle est là, extérieurement, dans le temps et dans l'espace. A Paris il y a un fleuve qui s'appelle la Seine, voilà une réalité objective qu'on peut aller voir. C'est la réalité des sciences que l'homme peut éprouver par une expérience extérieure.

— Puis, il y a la réalité intérieure qu'on éprouve intérieurement : la joie, la douleur, la souffrance, le plaisir... C'est la réalité des sentiments qui n'est que subjective pour les sciences et dont elles se méfient. Mais dans cette réalité que l'homme éprouve intérieurement il y a de grandes différences : d'un côté les expériences qui font encore partie de l'homme naturel, comme ses instincts, ses désirs, ses facultés, etc., qui relèvent de tout un champ d'expériences naturelles extérieures et intérieures.

Mais de l'autre côté l'homme est capable d'éprouver de temps en temps quelque chose d'exceptionnel par rapport à tout ce qui précède, quelque chose d'extra-ordinaire, en dehors de l'ordinaire. C'est là qu'il s'agit d'une réalité qui apparemment transcende les frontières de l'homme normal sur tous les plans, une réalité transcendante...

Autant dans les sciences doit-il y avoir ce qu'on appelle le

« consensus omnium », l'accord de tous sur le résultat obtenu et la possibilité à chaque intelligence de le reconnaître, autant dans le domaine de la transcendance c'est l'inverse : le cercle de ceux qui « savent » diminue...

A. G. : *N'est-on pas en train d'assister à un grand basculement : après la conquête de l'espace ne va-t-on pas se mettre maintenant à conquérir la transcendance ? Dans ce sens l'engouement est grand, l'anarchie totale...*

G. D. : Notre temps s'occupe de deux sortes de transcendances. La première représente des capacités ou pouvoirs extraordinaires qui permettent à l'homme de dépasser les frontières normales de ce qu'il sait faire, par exemple la télépathie... Le matérialisme soviétique ne voulait rien savoir de tout cela mais depuis le jour où un officier a pu, à partir de son sous-marin, s'entretenir avec un astronaute, les choses ont changé ! On a fait venir les experts de la télépathie pour s'y entraîner... On sait aujourd'hui, par exemple, qu'une maman lapin se trouvant en Amérique est fortement secouée lorsqu'à des milliers de kilomètres, en Europe, on tue un de ses petits... De même on sait que les plantes réagissent à l'attitude spirituelle de l'homme qui les soigne ou ne les soigne pas. On a photographié l'aura de certaines plantes, réalité très vivante et sensible à l'amour des hommes qui les entourent...

Dans tout ce qui est vivant il y a apparemment des connexions et, si on sait les exercer consciemment, on acquiert des dons transcendants et tous ces phénomènes appelés aujourd'hui « Psy ». Mais il s'agit là d'une transcendance extérieure, quelque chose qui transcende l'horizon normal de l'homme vers l'extérieur. Il sait faire des choses au-delà du normal. On l'a fait aussi avec la mémoire, par exemple on arrive à se souvenir de sa naissance et même du moment de sa conception. Il y a en France toute une équipe de psychothérapeutes qui soignent à l'aide de cette méthode. On pratique en Allemagne la thérapie de la réincarnation où l'on redécouvre ses vies antérieures...

Tout cela est très intéressant mais n'a aucun rapport avec la deuxième sorte de transcendance qui, elle, vise le développement de l'homme intégral en tant qu'être humain et spirituel au sens propre du mot, c'est-à-dire : la déification.

On parle tellement à l'heure actuelle de l'élargissement de la conscience. C'est comme si on ouvrait un calice énorme vers l'infini, on l'élargit toujours plus et toujours plus loin : la conscience élargie... Mais j'ai l'impression que c'est un mouvement contraire qu'il faut ajouter : descendre de plus en plus, toujours vers l'endroit où il n'y a plus rien et peut-être que là, on découvre un grain de sable qui au fond représente la seule chose qui importe... C'est tout simple ! « Une seule chose importe », voilà une parole du Christ qui reprend une grande valeur de nos jours où l'homme ne cherche qu'à faire, faire et encore faire des choses extraordinaires. Il faut méditer sur la rencontre du Christ avec Marthe et Marie. Quand Marthe, « absorbée par les multiples soins du service » demande au Christ de dire à sa sœur assise à ses pieds de l'aider, il lui répond : « Marthe, Marthe tu te soucies et t'agites pour beaucoup de choses, pourtant il en faut peu, une seule même. C'est Marie qui a choisi la bonne part : elle ne lui sera pas enlevée. »

Alors voilà... il s'agit maintenant d'expliquer cette seule chose qui importe quand on parle de l'expérience du Divin, de l'expérience de l'Être. Vous me demandez ce qui me donne le droit de parler d'une expérience que nous appelons un expérience du transcendant.

A. G. : *Oui... déjà votre distinction d'une transcendance extérieure et d'une transcendance intérieure me paraît extrêmement éclairante ! Le pullulement des expériences actuelles auxquelles j'ai fait allusion donne surtout dans cette transcendance extérieure, qui reste sur le plan objectivant des pouvoirs du développement des facultés, et, au lieu de transformer l'homme dans toute sa dimension, risque plutôt de le casser. Il ne s'agit pas en tout cas d'un chemin spirituel mais de l'enflure du moi mondain et de son train habituel : avoir, savoir, pouvoir... La transcendance intérieure qui fait de nous des créatures nouvelles est d'un tout autre ordre, elle échappe totalement à nos calculs et règles de mesure, ses coordonnées sont radicalement différentes, alors ma question s'adressait à cette transcendance là sur laquelle personne ne peut mettre la main : comment peut-on dire qu'elle existe, de quelle manière se manifeste-t-elle ?*

G. D. : Tout d'abord, il s'agit de prendre au sérieux certaines expériences de l'Être ! Elles sont de deux sortes : les petites « touches » de l'Être et les grandes expériences libératrices. Au sein de n'importe quelle réalité de ce monde, nous pouvons être touchés par une réalité qui n'a rien à faire avec ce monde ; c'est une autre dimension qui transcende l'horizon habituel de notre conscience. Nous sommes subitement saisis de l'intérieur par quelque chose qui donne à tout ce qui est intérieur ou extérieur, à l'ambiance totale de notre état actuel, une qualité particulière qu'on appelle le « numineux ». Moments singuliers où nous pouvons pressentir une autre vie au fond de nous-mêmes et dans tout ce qui nous entoure, celle de l'Être essentiel. Le sentiment qui nous envahit à ces instants-là peut être fascinant, libérateur ou terrifiant, mais toujours on y éprouve la plénitude de l'Être qui nous attire et nous séduit. Cependant pour s'ouvrir à cette expérience toujours possible, la première tâche est de développer une attitude particulière qui oriente toute la personne. Dans sa conscience sensitive, l'homme rencontre alors en tout un être, et non une chose. Quelle que soit la forme de la rencontre : une simple couleur, un son, une odeur, un objet quelconque, un paysage, même un concept abstrait, etc., toujours l'homme se sent interpellé par un « toi » à travers tout ce qui le touche. Et à ce contact, il réagit automatiquement : la chose le fait vibrer, le réjouit, lui fait peur ou le laisse indifférent, il se sent invité ou repoussé. Mais plus le moi profond est éveillé, plus le visage de chaque « toi » rencontré change, s'approfondit et laisse progressivement percer dans ce « toi » fini, le « Toi » infini, la lumière de l'Être essentiel ! Désormais la vue et l'ouïe de celui qui voit et entend sont transformées. Tout ce qui vient à lui est teinté par ce Souffle très léger qui pourtant l'appelle et le comble.

Il y a quatre champs en général à travers lesquels l'homme éprouve le numineux :

Premièrement la grande nature : il y a peu de personnes dignes de ce nom qui n'ont pas une seule fois dans leur vie été touchées par la nature, le silence de la forêt, le murmure de la mer, l'odeur des champs au printemps, les ondes qui traversent un champ de blé, ou une nuit étoilée... autant de chances pour dépasser l'horizon habituel et les limites de la conscience ordinaire.

Deuxièmement, chaque pièce d'art donne à celui qui a les yeux ou les oreilles ouvertes quelque chose qui dépasse l'aspect naturel. Surtout en ces moments où le mot « c'est beau ! » ne suffit plus. Chacun a ainsi ses tableaux, ses morceaux de musique qui toujours de nouveau le touchent profondément et lui font sentir quelque chose d'extra-ordinaire...

Troisièmement, l'érotisme est également un champ où l'homme peut être transporté sur un autre plan. La sexualité a toujours affaire avec la mort. Dans l'orgasme l'homme meurt un instant pour revenir. Or, dans le numineux il y a bien les deux : la fascination et la terreur. C'est la définition même du numineux par Rudolf Otto, le grand spécialiste du sacré. Dans l'érotisme on vit exactement ces deux moments : le tremblement et la fascination... on tremble parce qu'on a toujours peur de se donner donc de mourir et on est fasciné par la vie nouvelle qui coule en nous.

Il n'est pas question ici de la pornographie, cette jouissance grossière où le numineux est absent ; c'est le niveau animal que chaque homme éprouve d'ailleurs l'une ou l'autre fois. Il doit reconnaître ce risque et l'admettre, l'animalité et le divin se côtoient dans l'homme. C'est seulement en avalant le Diable que l'on peut donner naissance à l'Ange...

Quatrièmement, le culte où l'on est invité à s'agenouiller, en réalité ou intérieurement, à lâcher tout ce qui est « Moi » et tout ce qui est savoir, pour lui donner la liberté de vous toucher dans ce que vous êtes dans votre profondeur. C'est dans ce lâcher-prise qui est humain et normal, que s'ouvre une porte à travers laquelle entre le Divin. Maître Eckhart dit qu'il suffit d'ouvrir la porte, Dieu est toujours devant et voudrait entrer pourvu que vous sortiez, parce qu'il n'y a pas de place pour les deux...

A. G. : ... *Voilà la vraie pauvreté où tout l'être devient liturgique, quand le « petit moi » se prosterne, alors Dieu relève un Homme et, comme dit Maître Eckhart, Dieu devient en même temps le lieu où Il œuvre et l'œuvre elle-même. C'est toujours le même mouvement : le vide appelle la plénitude...*

G. D. : ... Vous me rappelez la petite histoire du monsieur qui disait : « Vous savez, j'ai prié toute la nuit, j'ai poussé, poussé et essayé d'enfoncer cette porte qui me séparait de

Dieu, je le sentais si proche... Finalement je me suis écroulé de fatigue, et voilà que la porte s'est ouverte d'elle-même vers moi, je n'ai eu qu'à lâcher et Dieu est entré... ! ! »

A. G. : *Les Pères de l'Eglise disaient couramment que nos cinq sens étaient des portes qui pouvaient s'ouvrir sur l'invisible, c'est pourquoi ils tiennent une telle place dans notre liturgie.*

G. D. : C'est exact ! C'est là le toucher immédiat d'une Vie qui nous dépasse, et c'est toujours ce qui dépasse les limites d'une conscience conceptuelle qui donne cette importance aux qualités sensorielles dans tous les cultes. Au commencement des liturgies on trouve la danse, l'odeur, le feu, le chant... C'est bien naturel ! On commence aujourd'hui à le redécouvrir. Le protestantisme s'est fait beaucoup de mal en évacuant tout cela...

A. G. : *Les pasteurs, surtout luthériens, s'inspirent beaucoup actuellement de l'ancienne liturgie orientale de Saint Jean Chrysostome parce qu'elle s'adresse à la totalité anthropologique de l'homme. Ce n'est pas seulement l'intellect en effet qui doit être déifié, mais toute la nature humaine, corps-âme-esprit. La liturgie la plonge littéralement dans un bain de gloire divine, c'est la fête pour tous les sens qui peuvent voir, toucher, entendre, goûter et humer le corps de leur Seigneur mort et ressuscité...*

G. D. : Oui !, les sens jusqu'à aujourd'hui encore sont pour moi plus proches de Dieu que les pensées ou la conscience rationnelle. Avec la qualité des sens on ne peut pas tricher, ils sont ce qu'ils sont, ni plus ni moins, ils nous touchent immédiatement.

Je me sers souvent dans mon enseignement de cette phrase des Pères disant que nos cinq sens pouvaient être des portes ouvertes sur l'invisible. Cela se réalise à la condition que l'on sache demeurer dans la sensation ; il s'agit d'y rester sans bouger et de permettre à la qualité qui nous touche de percer la surface de notre conscience ; par là nous quittons sa présence objective et peu à peu elle fait partie de nous-mêmes dans notre profondeur : c'est l'éveil à la transcendance, dont la qualité vue de l'extérieur est pourtant hors de nous...

L'expérience d'une qualité sensorielle est tout à fait autre chose que son concept. Le bleu qu'on voit n'est pas le bleu qui se distingue conceptuellement du rouge ! Car dès qu'on s'empare conceptuellement d'une qualité, ce n'est plus la qualité qui nous touche mais son interprétation conceptuelle qu'on y a ajoutée et qui nous sépare de la réalité immédiate. Dès qu'on nomme une expérience ou qu'on l'explique rationnellement, on prend du recul et la distance s'introduit, la réalité n'est plus la même, la vie se dessèche... Voilà pourquoi les mystiques ont toujours dit à la manière de Saint Paul : « Voir comme si on ne voyait pas, entendre comme si on n'entendait pas, toucher comme si on ne touchait pas, posséder comme si on ne possédait pas... »

L'appel, la rencontre avec les qualités sensorielles, le toucher, l'odorat, la vue, l'ouïe, le goût, ont toujours joué un grand rôle dans ma vie. Mais avant tout le toucher, parce que je me sers beaucoup de mes mains pour mon travail de thérapeute. Je « prends » les gens avec mes mains. Il y a là une expérience du toucher de la peau de l'autre être, c'est quelque chose d'extraordinaire, surtout si on a compris qu'il ne faut jamais toucher un corps, mais prendre en main un être humain. C'est ce que je dis toujours à mes collaborateurs lorsqu'ils me demandent conseil. Vous devinez leur surprise : « Ne jamais toucher un corps ! »

« Que faut-il faire alors, disent-ils, puisqu'il s'agit de massages ? »

Je leur explique que le massage traditionnel touche le corps et se moque de l'être humain qu'on a en main, tandis que pour moi, c'est l'être humain qu'il faut toucher et prendre avec ses mains. Il s'agit de tout autre chose, les mains qui savent faire contact entre moi et l'autre être sont des mains bien différentes de celles d'un masseur qui tape...

Au Moyen Age il a fallu percer le brouillard des images traditionnelles sur le corps ; aujourd'hui c'est le brouillard épais produit par notre conscience rationnelle et le cartésianisme qu'il faut percer pour arriver à prendre au sérieux la réalité qui ne peut être comprise par l'intellect. Sobre, dans le temps, était celui qui pouvait s'éveiller à la faculté du rationnel, aujourd'hui, sobre est celui qui est capable de s'en libérer et de se laisser toucher par les dons immédiats de son cœur. Ce n'est que dans la mesure où nous sommes capables de nous ouvrir à ce qui touche notre intériorité, que nous pourrons rencontrer notre vérité profonde, tandis que le rationalisme hausse les épaules en disant : « Ce n'est que subjectif ! »

Je me souviens encore d'une de mes protestations alors que j'étais étudiant... Le professeur disait que le son do est de 256 vibrations par secondes ; je me levai brusquement pour dire :

« Vous ne pouvez dire cela, vous pouvez prétendre avec raison que lorsqu'on entend le son do, il y a un médium qui vibre à cette vitesse, mais le son comme tel, c'est tout à fait autre chose.

— Expliquez-vous !

— Le son *do* est une qualité particulière bien différente du son *ré*, chaque son donne une certaine ambiance, quelque chose qui vous touche clairement...

— Oui, je comprends, mais tout cela n'est que subjectif, la réalité objective, c'est uniquement les ondes...

— Mais je vis avec les sons, non avec ces vibrations et ces ondes-là !

— Tout cela est subjectif, la seule réalité objective ce sont les ondes ! »

C'est dans cette phrase que se manifestent la grandeur et la tragédie de l'esprit occidental. Grâce à cette prétention, que ce sont les ondes qui représentent la seule réalité, s'est développée la science de la nature, la grande technique, les découvertes de la médecine, de la physique, et tout ce qui fait la grandeur de l'Occident admiré partout. Mais on a sacrifié l'intériorité de l'homme ; l'homme en tant que sujet n'est « que » quelque chose de subjectif... et en disant cela on perd de vue l'homme dans la totalité.

A. G. : *Le subjectif n'est heureusement pas mesurable et comme tel il échappe aux laboratoires des scientifiques ; c'est ce qui explique peut-être à la fois leur ironie et leur agacement à son égard, mais pour les mystiques il n'existe pas de réalité plus réelle que celle qu'ils viennent d'éprouver intérieurement. Quand on devient conscient de la profondeur possible des sens, chaque sensation de surface se révèle comme une réalité indivisible de la réalité totale ; elle est une expression de l'unité de tout ce que l'on touche avec ses sens, c'est l'unité du divin répandue partout. À ce sujet, j'aime beaucoup la belle image d'Aurobindo qui dit que chaque sensation est comme une vague : elle est courte, éphémère, mais ne cesse d'être reliée au mystère insondable de l'océan ; la vague est une concentration de l'océan tout entier, elle est une partie inséparable de son immensité... Celui qui a des « yeux pour voir et des oreilles pour entendre » découvre l'infini dans le fini des choses et l'éternité dans le temps qui passe, comme dirait le poète...*

G. D. : ... C'est donc toujours l'un dans l'autre et non l'un ici et l'autre ailleurs ! De nombreux jeunes poussés par la nostalgie de cette unité partent pour de longs voyages, et cherchent le lointain qui est l'expression du symbole existentiel pour la réalité au-delà du temps et de l'espace. Ou encore, on recherche le miraculeux et les pouvoirs, également un signe que l'homme dans sa profondeur est fait pour autre chose que pour être un membre soumis à sa communauté et rien que cela !

A. G. : *Heureux celui qui a découvert que tout est en lui !*

G. D. : Oui ! Il faut d'abord prendre conscience, être ouvert à l'appel de l'Être profond. Au commencement du développement spirituel se trouve cette prise de conscience de quelque chose de tout autre en nous-mêmes. Le véritable guide spirituel est celui qui aidera à faire cette réalisation consciente par la prise au sérieux de certaines expériences que l'on a faites au cours de sa vie.

Il y a quelque temps de cela, une de mes patientes âgée d'une quarantaine d'années, me confia son histoire... Au cours de nos entretiens je relevai un événement survenu dans son enfance qui semblait pourtant sans grande valeur. Mais j'encourageai cette dame à creuser ses souvenirs :

« Vous visitiez une église avec votre mère et vous avez été frappée par l'extraordinaire vision des rayons de lumière traversant les vitraux. Votre voix avait une sonorité particulière en évoquant ce tableau. Essayez de vous rappeler, qu'est-ce qui vous a particulièrement saisie ?

— Rien ! répliqua-t-elle... C'était très beau... Pourquoi cette question ?...

Et soudain son visage s'éclaira, elle sembla revivre l'événement : « Oui, je me souviens, c'était d'une beauté indescriptible, j'étais bouleversée, comme transportée dans un autre monde, mais cela n'a duré qu'un instant... » Je sentais que cette femme revivait clairement son expérience... « J'étais environnée de paix, de lumière, de sécurité... » Puis elle s'inquiéta : « Faut-il prendre ce souvenir au sérieux ? — Oui ! c'est très important. Essayez encore de fouiller dans votre mémoire, peut-être avez-vous vécu d'autres moments semblables ?... »

Nous nous retrouvions le lendemain ; ma patiente avait à nouveau ce visage éclairé par un regard intérieur, et elle continua :

« Deux fois encore j'ai été saisie par je ne sais quel sentiment étrange, presque indicible... C'était lors d'une promenade en forêt, après une averse... Je m'arrêtai, attirée par un rayon de soleil caressant de la mousse... Tout à coup cela se produisit : je faisais partie de la mousse et en un seul instant un éclair me transperçait de part en part... Un grand frisson me secoua, puis la paix m'envahit... en moi et autour de moi tout était lumière, sérénité. Un léger bruit me fit sortir de ma contemplation.

— Et la seconde fois ?

— Oh ! je m'en souviens très bien... J'étais assise dans un tramway, en face de moi une vieille dame me regardait... et tout à coup son regard saisit mon regard, me parcourut tout entière, plongeant jusque dans la profondeur de mon être... Brusquement je passai d'un état d'ombre à un état de lumière... je me sentais fortifiée, unifiée, il me semblait que je n'aurais jamais plus peur...

— Quel lien faites-vous entre ces trois événements ?

— C'est très simple : j'ai chaque fois éprouvé la même chose. »

Soudain j'eus devant moi une femme radieuse, elle me dit d'une voix profonde : « Maintenant je sais ce que vous voulez me faire comprendre... » Cette femme fut transformée, pour elle se levait l'aube d'une vie nouvelle. Par la découverte du sens de ces trois expériences à la fois identiques et extraordinaires, elle venait de reconnaître en elle la présence de la grande Réalité qui traverse et vivifie la petite réalité. Cette prise de conscience bouleverse et transforme tout notre être à sa racine, dès lors que nous nous y ouvrons...

A. G. : *Nous faisons tous de ces expériences qui sont de véritables chances pour transfigurer le quotidien, mais nous n'y sommes pas attentifs parce que nous ne sommes pas habitués à l'écoute de la voix intérieure. « Ecoute, Israël... ! » ne cesse de crier Dieu à travers toute la Bible.*

G. D. : Être présent et à l'écoute ! L'ouïe intérieure est le premier sens qu'il s'agit de développer. Il faut laisser monter en soi la qualité sensorielle imprégnée par le numineux, s'identifier à son mouvement intérieur jusqu'à ce qu'elle occupe tout le champ de notre conscience...

A. G. : *... En vivre, non seulement chercher à comprendre, à expliquer ou à interpréter.*

G. D. : C'est à cette condition précisément que ça commence à nous transformer. Tous les dons, tous les sens doivent s'affiner, passer du grossier au fin, de l'extérieur à l'intérieur. Comme le gourmand a la chance de devenir gourmet, le corps physique a la chance de se dépasser en s'ouvrant au corps éthérique, la conscience épaisse devient capable de discernement, etc. La sensation du corps dans son entier se réveille à travers l'éveil de la matière fine que représente le corps éthérique. Le corps physique se manifeste par de grosses vibrations et l'autre par des vibrations fines dont sont composées les grandes ondes. Mais les petites ondes dépassent le corps physique de sorte que l'homme qui est éveillé à sa matière fine n'est « bien dans sa peau » que dans la mesure où il dépasse sa peau. Autrement dit : les qualités sensorielles passent de la surface à la profondeur. Le mot profondeur veut dire bien autre chose qu'intensité ; est profond, toujours, ce qui engage l'homme avec le tout de sa personne ; plus son être entier est engagé, plus ses sentiments sont profonds. Plus ses sentiments sont superficiels, plus il n'est engagé qu'avec une partie seulement de lui-même. Dans la profondeur c'est l'Être qui est en jeu, Il engage l'homme entier et lui donne sa vraie responsabilité. Il est donc très important d'apprendre à faire la distinction entre l'intensité d'un sentiment et sa profondeur. Il y a des sentiments extrêmement forts, intenses, qui sont plats, sans profondeur et il y a des sentiments d'une grande profondeur qui sont à peine un souffle très léger et pourtant vous touchent profondément.

A. G. : *Concrètement ?*

G. D. : Dans l'érotisme on peut vivre une étreinte très intense et absolument sans profondeur, alors que la même étreinte vécue dans l'amour vous transporte sur un autre plan, celui de la profondeur précisément. C'est ainsi qu'un toucher de la peau très doux, presque imperceptible, peut vous donner un frisson divin...

Il n'est pas d'expérience de l'Être qui ne revête cette qualité du numineux profond. Comme vous le voyez, il ne s'agit pas d'un superlatif, d'une chose extrêmement belle, extrêmement bonne, extrêmement agréable ou que sais-je encore... nous entrons dans une autre dimension aussi différente que le son d'une image.

Mais on ne s'aventure pas sur le chemin de la perméabilité à la transparence sans rencontrer d'obstacles ! C'est le second aspect du problème. Le plus gros obstacle face à l'Être essentiel qui est vie, dynamisme créateur, c'est tout ce qui est statique, opposé à tout changement, à tout développement. Il s'agit du moi existentiel qui peut être défini comme un « je » tournant toujours autour du désir statique de pouvoir maintenir une position. C'est sans doute la définition la plus simple du « moi » opposé à l'Être ; il ne s'intéresse qu'à une chose : maintenir sa position où que ce soit et à tout moment, qu'il s'agisse d'une position matérielle, de la réputation dans la société, d'un rôle dans la hiérarchie sociale, de son prestige, de ses finances, de sa santé..., tout ce qui assure finalement une certaine sécurité, un certain plaisir, face aux changements de la vie. Voici ce qui s'oppose à cette poussée vers la réalisation d'une personne qui cherche à témoigner de l'Essence.

Cette prédominance du moi existentiel doit donc disparaître, toute l'évolution de l'homme en dépend. En s'éduquant à cette transformation on fait aussi l'apprentissage de la souffrance. Autant le moi installé refuse de souffrir, autant, sur le chemin intérieur doit-on regarder la souffrance comme une chance. Celui qui est branché sur l'Être essentiel sait très bien que tout ce qui est noir a aussi un versant blanc, que toute souffrance est signe d'une santé ou d'un bonheur possible : ce qui est la santé n'est que ce qui a été malade, ce qui est la vie n'est que ce qui a frôlé la mort, n'a la vie véritable que celui qui a accepté la mort.

A. G. : *Toujours l'ombre et la lumière vont de pair. La Mère, compagne d'Aurobindo, insiste auprès de ses disciples pour dire : « Si vous découvrez une ombre très épaisse et très profonde, soyez sûrs, quelque part en vous, d'une grande lumière. A vous de savoir utiliser l'une pour réaliser l'autre. » « C'est la moitié obscure de la Vérité », précise Aurobindo.*

En Extrême-Orient ce thème est bien connu : au centre de toutes nos ténèbres il y a un soleil, au cœur de nos maux il est un mystère inverse, chaque élément aussi obscur qu'il soit, même l'erreur la plus grotesque, contient « des abîmes de vérité ». Le tout c'est de « passer » de l'un à l'autre... et tous les yogas s'y évertuent. Dans le christianisme ce « passage », cette « pâque » prend la figure de la croix, mais — on l'a parfois trop oublié en Occident, — de la croix transfigurée. L'acceptation libre de la mort ouvre sur la résurrection, les deux sont indissociables.

G. D. : Oui ! Toutes les traditions initiatiques en parlent, la réalisation de l'Être passe toujours à travers une mort. Mais seul est capable de parler de la vie, de donner la vie et d'enseigner la vie, celui qui sait quelque chose de la mort et qui en a une certaine expérience. Mourir implique toutes les morts dans notre vie quotidienne : chaque perte qu'on accepte, chaque lien qui se brise ou qu'il faut briser, chaque renoncement choisi ou imposé et mille autres manières... C'est toute une éducation, une ascèse qui est à la base de ce développement, de ce chemin initiatique.

V

DE LA MORT A LA VIE : LA PERCÉE DE L'ÊTRE

GRAF DÜRCKHEIM : Les expériences du numineux peuvent en rester à de petites touches, à des étincelles ou des effleurements légers, tandis que la grande expérience de l'Être opère un retournement radical chez l'homme qui la vit ; l'ancien monde s'écroule et une nouvelle vie commence à naître en lui. Il s'agit de la transcendance positive, d'heures étoilées, d'expériences inouies...

Les enfants vont volontiers au grenier ou à la cave pour avoir peur, pour éprouver quelque chose qui leur donne le frisson... Les adolescents aiment se perdre dans la forêt pour ressentir curieusement ce qui en même temps leur fait peur et les attire... Certains adultes audacieux recherchent eux aussi le danger : par exemple celui qui conduit une voiture de course ou fait de l'escalade en haute montagne, je crois qu'il cherche la proximité de la mort, de la destruction, pour ressentir ce qui ne peut pas être détruit, l'indestructible. L'attraction du danger est l'expérience du non-destructible ; au moment même où l'homme frôle la mort, autre chose surgit, et c'est dans la présence de la mort qu'apparaît soudain le pressentiment extraordinaire de quelque chose qui ne peut pas être détruit...

Je connais une jeune fille qui avait pris des drogues pour se suicider. On l'a tirée de là, mais elle m'a dit un jour :

« Vous savez, je recommencerai !

— Pourquoi ?

— Le moment après avoir pris le poison était tellement beau, on est dans une telle liberté que vraiment ça vaut le coup ! C'est plus beau que la vie entière que j'ai vécue, je recommencerai ! »

Quelqu'un d'autre m'a raconté la même chose. Après la mort de son mari, une dame a trouvé sa vie absurde et s'est tiré une balle de révolver dans le cœur... Elle s'est manquée de peu... La voilà dans le coma pendant quatre heures... Plus tard elle m'a dit : « Vous ne pouvez imaginer la joie que j'ai ressentie à ce moment là, c'est in-ou-ï ! ! une fois que l'on m'avait sortie de là, ce n'était plus la même chose... »

Il y a donc là un moment entre la vie et la mort où des milliers de personnes, j'en ai connu beaucoup, ont ressenti quelque chose qui, à partir de cet instant-là, constitue le noyau le plus sacré de leur vie. Pour ces gens-là, cela peut devenir le point de départ de la vie, sa mesure et son critère, découverts au moment où ils ont dépassé la mort.

ALPHONSE GOETTMANN : *Cette joie, ce renouveau, sont-ils la conséquence du lâcher-prise ?*

G. D. : Disons que toutes les béquilles, tout ce qui vous accroche à la vie a disparu, c'est le grand lâcher-prise. Le moi qui est durci, la croûte qui nous sépare du divin ont fondu, et pourtant sans cette séparation nous ne pourrions pas devenir conscients du divin, il ne faut jamais oublier cela. Ne condamnons pas le moi ni le péché originel : il y a des fautes qui sont la cause d'une découverte de ce qui est juste, il y a des mensonges sans lesquels on ne trouverait jamais la vérité, il y a des faiblesses sans lesquelles on ne saurait jamais ce qu'est la force, il y a des chutes sans lesquelles on ne saurait jamais ce qu'est se relever... Au fond tout se tient et l'un veut dire l'autre. Comme vous le disiez, c'est l'image des ténèbres qui n'ont pas compris la lumière qui luit en elles. On ne doit pas dire : parce que il y a des ténèbres, on ne voit pas la lumière ; ce sont les ténèbres elles-mêmes qui sont la lumière refoulée, chaque mort donc veut déjà dire une vie, aucune souffrance n'aurait de sens sans l'espoir d'une guérison. Toujours l'un est dans l'autre. Ce qui est important dans ces instants extraordinaires où quelqu'un a dépassé la vie humaine, lors d'un accident ou à l'approche de la mort, c'est qu'il est au-delà de ce qu'on appelle généralement vie et mort. Ce n'est ni la vie, ni la mort. Mais que veut dire quelque chose qui dépasse les opposés de la vie et de la mort, de l'affirmation et de la destruction ? On est dans un état au-delà des opposés...

A. G. : *... auquel tout le monde doit avoir accès, puisque* *tout le monde souffre et que même « toute la création gémit dans un travail d'enfantement » d'après saint Paul. A l'instant même où le Christ est mort sur la croix, le voile du Temple s'est déchiré, et la foule reléguée jusque-là dans l'univers des opposés se trouvait subitement en contact avec le Saint des saints, entrevoyant l'immense liberté à laquelle elle était désormais invitée. Mais il fallait démasquer la souffrance et franchir l'abîme de la mort pour que la nuit suprême devienne suprême lumière. C'est le « Secret perdu » et retrouvé, en effet, de toutes les traditions, dont une des premières a dû être celle des* rishis *védiques qui cherchaient déjà à faire ce qu'ils appelaient « le grand passage » pour découvrir la « lumière non brisée ». « La Nuit et le Jour, disaient-ils, sont deux sœurs ayant le même Amant Soleil... » Ne pourrions-nous avancer un peu plus dans la nuit de nos souffrances pour deviner l'aurore du jour nouveau qui nous attend ?*

G. D. : C'est bien cela ! Plus on s'enfonce dans la nuit de sa souffrance, plus on devient conscient de la nature du mal qui nous habite, et ce mal est ontologique. L'homme est rongé par trois grandes détresses :

— La peur de la destruction, l'angoisse devant la mort et l'annihilation ; l'homme n'est plus branché sur la source de vie et pour étouffer sa peur il s'entoure d'un système de sécurités.

— Le désespoir devant l'absurdité, le non-sens de la vie ; coupé de la réalité intérieure et vitale l'homme se construit un univers artificiel et éphémère.

A. G. : *C'est la tour de Babel des idéologies et des révolutions qui ne répondent pas à l'appel de la vraie vie.*

G. D. : — Et la troisième détresse, c'est la tristesse totale dans l'isolement, l'homme divisé est seul alors qu'il est fait pour le dialogue. Celui qui ne reçoit plus de réponse ne peut plus vivre. Pour pouvoir communiquer par tous les moyens il se crée toutes sortes de fausses relations qui, bien souvent, le poussent au suicide. Frédéric le Grand a fait une fois la preuve que l'homme ne peut vivre seul : il a ordonné que deux enfants soient élevés sans qu'on leur parle ; ils sont morts tous les deux. Teilhard de Chardin dit que ce n'est pas la monade mais la dyade qui est à la base de l'expérience du divin. Il n'est pas de vie humaine qui ne soit marquée par ces trois souffrances. Si quelqu'un fait la grande expérience de l'Être, alors d'un moment à l'autre il est transformé : il n'a plus peur de la mort, il accepte l'absurde et se sent à l'abri de la solitude.

Cette transformation est le premier et le plus grand critère que l'on a été touché par la réalité de l'Être qui dépasse nos expériences normales : on est brusquement libéré de son conditionnement habituel.

Si donc vous me demandez ce qui me permet de parler de l'expérience d'une autre Réalité, je vous dirais : « Y a-t-il une réalité plus grande, pour nous humains, que celle qui est capable de nous libérer une fois pour toute de la peur, du désespoir, et de la tristesse quelle que soit la situation dans laquelle nous nous trouvons ? » Il s'agit d'un passage à un autre rang. Mais il est important de savoir que faire l'expérience d'un éveil à une autre réalité ne donne pas encore un éveillé... J'ai rencontré des personnes qui ont fait des dizaines d'expériences semblables mais elles sont loin d'être éveillées à cette autre réalité. C'est à la transformation qu'il faut s'exercer, encore, et encore...

De là découle le second critère de la réalité transcendante qui est une promesse : un nouveau sens de la vie se révèle à travers une autre façon de ressentir, de créer et d'aimer. C'est l'appel à un nouveau style de vie, on devient un appelé...

Il faut ici rappeler le troisième critère : la qualité du numineux qui progressivement ne se manifeste plus sous forme d'événements épars mais finit par auréoler toute beauté, et à rendre transparent le moindre objet jusqu'au détail... C'est une Atmosphère... Une Présence.

Le quatrième critère se vérifie par la naissance d'une nouvelle conscience. La conscience du moi mondain toujours en quête d'avoir, pouvoir et savoir cède la place à l'éveil de la conscience absolue. Rappelons qu'il y a trois sortes de consciences : la conscience enfantine égocentrique née de la crainte du châtiment, de l'enfer, de la fausse culpabilité ; cette conscience satisfait des besoins instinctifs et primaires. La deuxième conscience s'expérimente à travers la voix de la communauté à laquelle on appartient, elle est régie par l'organisation et les lois de celles-ci. Enfin la conscience absolue détermine le quatrième critère, elle est poussée par une instance supérieure à dépasser à la fois l'égocentrisme et le légalisme des deux premières consciences. Cela exige parfois : infidélité, trahison, scandale...

Dans l'expérience de l'Être cette conscience est élevée à une conscience de plénitude, et inversement, là où l'homme en est saisi, c'est cette conscience qui d'elle-même témoigne de la présence de l'Être.

Le cinquième critère peut porter à hausser les épaules ou à sourire, et pourtant... c'est l'apparition de l'Adversaire ; le Diable ! Là où naît la Vie, surgit son Adversaire ; il est la personnification de la force qui peut consciemment empêcher ou détruire la vie voulue par Dieu. Plus l'homme est décidé et orienté vers la vie surnaturelle, plus sûrement l'Adversaire tente de l'en détourner. Ceci n'est pas une histoire pieuse, mais un fait d'expérience psychologiquement inexplicable. Quand un homme vient de faire une expérience de l'Etre, il ne se passe pas vingt-quatre heures sans qu'il soit assailli par un événement extérieur qui le trouble, le déprime ou l'attriste ; le choc vient bien de l'extérieur, il ne s'agit donc pas d'une compensation psychologique : une agression, une blessure, une mauvaise nouvelle, un accident... Un bon petit chrétien qui remplit son devoir envers sa communauté et croit être en parfait accord avec sa conscience est une victime très facile pour le Diable, mais pour peu que ce brave chrétien sorte de sa léthargie et fasse l'expérience de Dieu, alors le Diable a peur de le perdre et met tout en œuvre pour détruire le chemin de la promesse.

A. G. : *En somme la conscience de surface est très fragile et vulnérable, sans cesse livrée au ballotage des puissances obscures, tel un bouchon sur l'eau... Tout change lorsque l'ancre est jetée dans les profondeurs de l'Esprit qui nous habite : celui qui flotte dans l'énorme distraction de sa vie devient un appelé et l'appelé décidé devient un chercheur. Pour lui il n'y a qu'un travail véritable, c'est réaliser la vérité de son être, tout le reste n'est que moyen...*

G. D. : ...Toujours le moteur d'un chercheur est ce qu'il cherche ! La Réalité qu'il cherche est toujours là dans sa recherche. Il ne pourrait chercher le divin s'il ne portait le divin en lui... On compte beaucoup de chercheurs parmi nous aujourd'hui, surtout ceux qui n'ont pas encore fait d'expérience, ils ne savent pas ce qu'ils cherchent mais sont visités par la nostalgie, ce désir de retrouver ce quelque chose qu'ils ont perdu... Alors c'est le recours aux miracles et au merveilleux, façon la plus directe pour éveiller dans des âmes primitives une croyance en des êtres supérieurs. Mais on peut se demander où commence le miracle. Au fond qu'est ce qui n'est pas miraculeux ? Le simple fait que les choses existent, qu'une couleur soit une couleur, qu'un son soit un son... pourquoi tout cela ne serait-il pas miraculeux ? N'est-ce plus miraculeux parce que c'est connu de tout le monde et pourquoi n'est-ce miraculeux que si cela dépasse les frontières du connu ?

A. G. : *Ne faut-il pas plutôt changer notre regard ?*

G. D. : Voir autrement et autre chose ! On sait bien que la recherche de l'inconnu a toujours fasciné l'homme et, au lieu de creuser en lui-même, il dévore des livres... cela ne lui suffit pas, il court de gourou en gourou... cela ne le satisfait pas, il part pour de lointains voyages, il est rompu à toutes les « techniques » de méditation..., cela ne l'illumine pas ! De nombreuses sectes aujourd'hui exigent des performances inouïes et pourtant ne découvrent pas le divin. Il y a une confusion entre performance technique et découverte de la profondeur de nous-mêmes grâce au lâcher-prise de toute ambition d'un savoir-faire. Sans ce lâcher-prise il n'y a qu'enflure du petit moi orgueilleux, l'homme cherche toujours à plonger au plus profond ou même à voler... Quelle publicité autour de ces dites expériences spirituelles ! Quand il arrive de léviter à un vrai mystique comme Jean de la Croix, Thérèse d'Avila ou dans le bouddhisme, c'est une chose secrète. Aujourd'hui l'argent en fait un commerce... et le mystère s'en va ! C'est abominable !

A. G. : *On achète les pouvoirs... et on trahit l'homme. Les judas ont toujours fait leur affaire, les fakirs ne la font pas moins... mais vivre est d'un autre prix ! Celui qui se sent appelé prend le Chemin, il sait que quelques dollars et un peu de loisirs n'y peuvent rien...*

G. D. : Il paye le prix d'une tâche surhumaine et veut prendre sur lui cette discipline très lourde qui consiste à travailler sans cesse, à faire des exercices, à trouver que chaque moment est la meilleure occasion pour avancer... Il le peut, car la force divine l'attire puissamment et sa décision est inébranlable.

A. G. : *« Etroite est la porte et resserré le chemin qui mène à la Vie, et il en est peu qui le trouvent »*, *dit Jésus. « Qui ne prend pas sa croix et ne vient pas à ma suite n'est pas digne de moi... » Seuls le sont ceux qui « laissent leur filet » et misent tout sur une carte ! « Qui aura trouvé sa vie la perdra et qui aura perdu sa vie à cause de moi la trouvera »... C'est aussi un des grands leitmotiv de la « Synthèse des Yogas » chez Aurobindo : « Don de soi vrai, total et sans réserve, effacement impitoyable de l'égo, faire de toute la vie l'autel de ce sacrifice, engendre au vaste mouvement de la Joie Divine... »*

G. D. : C'est ce qui diffère du tout au tout avec les autres expériences transcendantales ! Pensez encore à la drogue... L'expérience d'une drogue peut vraiment vous faire regarder, vous permettre un coup d'œil au-delà du mur. Parce que la drogue endort le moi, vous dépassez tout à coup les limites de votre conscience normale. Le hachisch vous fait voir des couleurs et donne aux sens une acuité terrible, le L.S.D., au-delà des noirs douloureux, peut vous plonger dans un univers hors du commun... et ainsi de suite. Plus l'expérience est « belle » plus on en sort avec le désir de la répéter. Toute la différence est là ! L'expérience légitime, elle, cherche tout à fait autre chose que la simple répétition. Elle fait naître en vous un savoir et éveille le désir d'une expérience toujours offerte grâce à une discipline, mais jamais captée d'une façon artificielle. La drogue éveille le désir de la répétition qui aboutit à la destruction du cerveau, enlève la puissance de travail et fait de sa victime une loque... Rare est le cas où celui qui a fait l'expérience de l'au-delà grâce au L.S.D. le sent comme un appel à entrer maintenant dans l'expérience par la discipline méditative. Mais il faut dire aussi que les drogués savent bien souvent quelque chose que ne savent pas ceux qui n'ont pas fait l'expérience ! Et ce « quelque chose » qu'ils ont expérimenté, personne ne le leur enlèvera plus. Ils regardent avec une certaine pitié ceux qui ne savent pas encore ce qu'il y a au-delà du mur...

Ce n'est pas par hasard si, dans le cinquième critère, l'Adversaire de la Vie se présente avec la drogue exactement au moment où l'Occident, pour la première fois dans l'histoire de l'humanité, s'éveille en grande masse à l'intériorité ! « Vous voulez faire une belle expérience ? Ce n'est pas si difficile qu'on vous le fait croire ! Prenez un peu de cette substance et vous verrez, vous aurez la même chose sans effort... » Et voilà que toute une partie de la jeunesse actuelle tombe dans le piège de l'expérience factice et manque le chemin de la libération. C'est inouï, les drogues ont toujours existé, mais ce n'est que maintenant, alors qu'on découvre la transcendance, au moment de la nostalgie de l'Être et de la mise en route pour le chercher, qu'elles se trouvent sur le marché !

A. G. : *L'homme est à la croisée des chemins et son choix est d'autant plus difficile que le Prince des ténèbres se drape de lumière... Alors l'expérience doit toujours et inséparablement s'accompagner de discernement. Sinon, ce que l'on croit être le sens de la vie peut être un non-sens absolu, et le chemin un gouffre noir ! Autrement dit, il ne doit pas y avoir d'expérience sans critique ; l'incarnation ne serait qu'une descente aux enfers s'il n'y avait pas la pentecôte...*

G. D. : La « critique », ce sont justement les critères que nous venons de voir ; ils sont indispensables si on ne veut pas piétiner dans l'illusion et entrer dans la nouvelle Jérusalem dont le sens est infiniment au-delà de tout ce que nous avons connu jusque là ! Si vous demandez aux gens quel est le sens de la vie, l'un dira ceci, l'autre, cela... Lors d'une de mes conférences à Munich où six cents personnes étaient réunies j'ai posé cette question : « Mesdames, Messieurs, arrêtons-nous un moment pour nous demander quel est le sens de la vie ? Que chacun réponde pour lui-même. » Puis je me suis tu et nous avons fait silence... Après quoi j'ai repris : « Je suis sûr que beaucoup d'entre vous se sont fait la réflexion suivante : quelle drôle d'idée, on ne peut pas poser la question du sens de la vie, la réponse est différente pour chacun, déjà pour une même personne la réponse est autre selon les époques de la vie ! » Pour l'un c'est une heureuse vieillesse, pour l'autre, avoir des enfants, un troisième aimerait exercer un métier qui lui plaise, un autre souhaiterait une bonne mort et que sais-je encore... Il y a autant de réponses à cette question que d'hommes sur terre. Et pourtant une seule réponse est valable pour tous : celui qui a vraiment goûté l'Être, sait une fois pour toutes, que le sens de la vie humaine n'est rien d'autre que de devenir le témoin du divin dans l'existence. Voilà le sens de la vie de l'homme ! ! Pour moi il n'y a donc qu'une seule réponse à travers toutes les autres réponses qui devraient être reliées d'une manière ou d'une autre à l'unique réponse. N'est-ce pas là le rôle des religions, d'éveiller l'homme à cette réponse ?

En attendant l'homme vit dans une triple détresse, nous l'avons déjà évoquée : coupé de sa profondeur et sans racines, il est sans cesse affronté à la peur de la destruction ou de la mort... Projetée à la surface agitée de lui-même et dans le mensonge du multiple, sa vie n'a plus de sens et il tombe dans l'absurde... Enfin, la prison du mental l'isole de plus en plus et rompt ses liens profonds avec le restant de la création et la source de toute vie. D'où la perpétuelle nostalgie d'une vie au-delà de la mort, d'un sens au-delà du sens et de l'absurde, et d'un amour au-delà de la tristesse de l'isolement.

Mais que, par la séduction d'une longue discipline ou le don d'une grâce subite, la mort du petit « moi » dominateur survienne, alors les chaînes se brisent et l'expérience inouïe de l'Être saisit tout l'homme. Les murs de sécurité qu'il s'était construits face à la peur s'effondrent, sa quête artificielle du sens face à l'absurde échoue sur le sable et ses affections vides se transforment. Soudain, l'Être lui révèle au cœur même de sa faiblesse une plénitude insoupçonnée, au cœur même de l'absurdité un sens au-delà du sens et du non-sens, et au cœur même de sa solitude un amour surnaturel qui l'entoure, le vivifie et lui redonne l'unité...

A. G. : *Mais c'est passionnant ! Les trois détresses découlent donc bien d'une carence de l'Être et, lorsque celui-ci se révèle au creux de cette triple souffrance, il dévoile en même temps sa triple identité : la plénitude — la lumière du sens — l'amour...*

G. D. : Oui ! Plénitude créatrice — Lumière de la Loi universelle qui ordonne toutes choses, leur donne une forme et un sens — Unité qui restitue tout dans l'harmonie. Mais tout cela ne serait que théorie si ce n'était une conclusion basée sur trois expériences que fait l'homme :

Il fait l'expérience de la force, la force créatrice qu'il ressent en lui-même, quelque chose qui le fait pousser dans le sens biologique, qui le rend capable de travailler, de lutter, il cherche à la conserver dans sa santé, à la retrouver quand il est malade... Autrement dit, toute une partie de la vie humaine tourne autour de cette force, à partir de l'élan vital que l'homme ressent et qui, dans sa conscience, doit être compris et accepté. Celui qui a perdu ce oui à la vie, est très difficile à guérir. C'est la force de l'Être. C'est ainsi que l'aspect de la plénitude créatrice se manifeste dans le monde par une force de vie, mais totalement différente selon qu'elle est trouvée sur le plan du moi existentiel ou de l'Être essentiel. Si nous sommes branchés sur l'Être essentiel, nous ressentons la force de l'Être là où nous sommes dans la faiblesse, Dieu est fort dans les faibles, dit la Bible. C'est une expérience : dans la faiblesse absolue, quand on ne peut plus rien, quand on est abandonné à la mort, c'est à ce moment-là que l'on peut voir tout à coup sur le visage d'un malade le grand sourire ; il se sent envahi par une grande force dans la profondeur même de sa faiblesse. La force du moi existentiel basée sur ce que l'on a, ce que l'on sait, ce que l'on peut est brisée, elle cède enfin la place à ce que l'on est au fond de son essence.

A. G. : *Ce que vous dites me rappelle une interview à la télévision qui m'a beaucoup frappé : c'était un échange avec plusieurs personnes atteintes d'un cancer ; leur sérénité extraordinaire était impressionnante... Cela prouve bien que l'au-delà n'est pas ailleurs ni après la mort seulement mais dès maintenant au fond de nous-mêmes ; sa seule condition, c'est l'acceptation dans une confiance totale qui fait s'écrouler la forteresse imprenable dans laquelle le petit moi s'est installé...*

G. D. : ... En effet ! l'acceptation est la clé qui ouvre la porte à la Vie et il en va de même pour les deux autres aspects de l'Être.

La Loi universelle, second aspect, s'exprime en chaque plante (par exemple), en tout ce qui est vivant, dans cette énergie qui pousse l'être vivant vers une certaine forme qui est le sens de sa croissance, c'est-à-dire de pouvoir évoluer selon « son chemin, sa vérité et sa vie », comme nous l'avons déjà dit. Devenir soi-même, réaliser sa forme unique et particulière, vivre dans une situation où « ça colle », où « ça correspond » à ce qu'il pense être juste et bien ordonné... voilà ce que l'homme cherche et sans quoi il cesse d'être un homme. Pour lui, c'est là que se manifeste la Loi universelle, ce qui donne vraiment un sens et la Lumière. Mais ici de nouveau il faut considérer les deux plans : celui du moi existentiel qui se procure par lui-même sens et lumière à travers toutes les idéologies ou vues de l'esprit que nous connaissons, et le plan essentiel où, au contraire, l'homme reçoit la Lumière du sens quand il ne comprend plus rien avec sa tête... Si, dans les ténèbres de la non-connaissance, perdu dans le non-sens et déchiré par des situations absurdes ou le ridicule de son existence, il est capable d'accepter l'inacceptable, alors il peut faire l'expérience d'une autre Vie, et de l'acceptation des ténèbres, au-delà du sens et du non-sens, jaillit la Lumière.

Le troisième aspect, l'Unité de l'Être, se révèle par la même attitude. La manifestation de l'Unité se fait dans l'Amour. Le moi existentiel le cherche constamment à travers des liens variés, que ce soit avec une autre personne, une communauté, un pays, une chose... Il faut échapper coûte que coûte à la solitude qui étouffe ! Sur le plan essentiel, par contre, c'est exactement au moment même où l'on vous met à la porte d'une communauté ou encore lorsqu'un être cher vous est arraché et que vous acceptez l'inacceptable solitude, qu'un Amour divin peut vous envahir et vous prendre dans une étreinte inconnue, vous mettre à l'abri. On ne sait trop ce qui vous arrive alors : dans la tristesse et l'isolement total, on est subitement fou de joie...

A G. : *Quand on touche à l'extrême limite du moi existentiel, jeté dans le gouffre des trois détresses, il arrive que l'on franchisse les barrages, et les vannes d'eau vive s'ouvrent... Mais il est aussi important de savoir entendre, en dehors de ces grands bouleversements, la musique de cette eau à travers les petites choses de la vie courante...*

G. D. : ...Le son de l'Être sonne tout le temps ! Le tout est de savoir comment nous sommes accordés pour pouvoir résonner à ce son. La chance de faire l'expérience est donc là à chaque instant, il n'est point de moment dans la vie où l'éclair de l'Être ne pourrait nous traverser.

A. G. : *On peut jouer ses propres notes ou celles de l'Être. C'est en acceptant de mourir à ses propres notes que l'on peut vibrer au son de l'Être... L'acceptation est fondamentale...*

G. D. : Accepter c'est « vivre sa mort ! » *Live your dy* est aussi le titre d'un livre de mon vieil ami américain Keeleman, le père de la bioénergie. Il dit que tout au long de l'existence il y a des petites morts à accepter et progressivement « le lâcher-prise » devient une attitude, une seconde nature. Eviter et combattre la souffrance est naturel, mais lorsqu'elle est là, il s'agit de l'accepter pour en tirer ce qui est au-delà. C'est le cas d'une dame que je connais bien, qui a été amputée récemment du sein gauche. Ayant déjà perdu sa mère et sa sœur de la même maladie, elle ne sait trop ce qui l'attend dans les années à venir... Au réveil de l'opération elle m'a dit : « Maintenant il ne s'agit pas de compter les années qu'il me reste à vivre, mais comment vais-je vivre ma vie ? »

Il faut accepter la défaite... accepter et ne pas faire semblant de ne rien avoir. On doit dépasser la résistance que l'on a en soi-même, c'est une sorte d'humilité vis-à-vis des forces qui nous dépassent... C'est ainsi que deux chevaliers japonais se battaient à l'épée... Au cours de la lutte, l'un fit tomber l'autre de son cheval et l'épée roula au loin. Le vainqueur descendit de cheval, et au lieu de tuer sa victime, il écarta les jambes et lui ordonna de passer en-dessous par mesure d'humiliation extrême. C'est ce que fit le chevalier vaincu, alors le vainqueur ramassa son épée, la lui tendit, et le releva en disant : « C'est toi qui as gagné le véritable combat ! »

A. G. : *Sitôt que l'on parle d'acceptation, la plupart des gens poussent des hauts-cris. Ils confondent acceptation avec la résignation prêchée durant des siècles et qu'ils sentent intuitivement aux antipodes de tout comportement humain vrai.*

G. D. : La résignation et l'héroïsme sont deux manifestations du moi existentiel. Accepter... oui, se résigner... non ! Accepter jusqu'au noir qui est en nous-mêmes. Je me souviens d'un saint dans les environs de Paris : le P. Grégoire, un ermite orthodoxe ; il avait peint une magnifique icône représentant le Christ embrassant Adam en enfer. Je lui demandai : « Mon Père que veut dire cette icône pour vous ? » Et lui de me répondre : « Si l'homme se reconnaît lui-même dans son enfer, c'est-à-dire le Diable en lui, son méchant, son noir, sa saleté la plus grande, et qu'au lieu de repousser tout cela, il l'embrasse avec amour, alors le divin peut éclater..., pour moi, c'est cela la Résurrection. » Paroles inépuisables... Dans l'acceptation du noir se lève une lumière qui est au-delà du noir et du blanc. Voilà l'idée sous-jacente à « accepter l'inacceptable » et l'une des vérités essentielles du Zen...

A. G. : *...Pas seulement ! Après une longue soirée d'échanges à la lumière d'une bougie, dans l'ermitage d'un Yogi, celui-ci me dit : « Si je devais résumer en un seul mot tout l'univers du Yoga, je dirais : acceptation. » Mais n'est-ce pas l'attitude fondamentale de l'homme biblique : du « oui » d'Abraham au « oui » de Marie, Dieu apprend aux hommes à entrer dans ce mouvement d'abandon et d'acceptation ; Lui-même en fera l'expression de son don le plus total quand le Christ affronté à sa mort dit : « Que ta volonté soit faite et non la mienne... Entre tes mains, Père, je remets mon esprit »...*

G. D. : Oui ! De toute évidence le Christ ne pouvait se situer ailleurs que là où l'homme a le plus mal... Il se place au cœur de l'inacceptable. Non seulement il accepte librement la mort, mais aussi l'absurde : personne n'a compris son message et la plupart l'on refusé, il ne s'est défendu ni devant Pilate ni devant Hérode et pas plus devant les siens ; sans mot dire il accepte toutes les humiliations. Enfin il se trouve aussi dans l'isolement quasi total : ses plus proches le trahissent et l'abandonnent... Ainsi le Christ n'est pas venu nous enlever cette souffrance créée par le monde, mais nous apprendre à accepter comme lui l'inacceptable ! La croix ne sera enlevée qu'à celui qui l'a portée...

A. G. : *Cette attitude d'acceptation est reprise ensuite par la liturgie des siècles suivants, qui n'a cessé d'imprégner les chrétiens en chantant au moment de l'institution de l'Eucharistie : « Il a pris la forme d'esclave, acceptant de plein gré de souffrir pour libérer son œuvre et la reformer à l'image de Sa*

Gloire. » Ce que la tradition mystique a mis ensuite en relief n'est rien d'autre ; on a appelé parfois « acte anagogique » cette attitude devenue très simple et mise à la portée de tout le monde par sainte Thérèse de Lisieux : reconnaître une réalité quelle qu'elle soit, l'accepter et l'offrir à Dieu. Les sciences humaines découvrent à leur tour aujourd'hui à quelle liberté une telle attitude peut conduire. Un Rogers par exemple, éminent psychothérapeute américain, a fait de l'acceptation la base de sa thérapie... Nous pourrions certainement poursuivre notre pèlerinage à travers biens d'autres traditions... Vous rappelez cependant un élément important dans cette attitude : la participation du corps.

G. D. : Bien sûr ! Vous ne pouvez jamais accepter quelque chose avec les épaules en l'air ou contractées, c'est une expression du moi existentiel qui refuse tout ce qui fait mal et se défend contre un danger imaginaire ou véritable. On est sur le qui-vive. Ce n'est qu'en lâchant-prise vraiment dans toutes ses tensions que l'on commence à se libérer. Nous aurons encore à dire plus loin toute l'importance du corps dans ce que j'appelle « l'attitude juste » qui doit devenir nôtre quoi que nous fassions.

A. G. : *Si l'acceptation est autre chose qu'une adhésion intellectuelle à une croyance, la transformation de l'homme tout entier, corps, âme, esprit, on comprend alors qu'elle puisse être la clé qui ouvre la porte à la vie. L'identité de cette vie, disiez-vous, se manifeste en tout et partout sous trois aspects : la plénitude, la loi et l'unité. Quelle relation faites-vous entre cette trinité de l'Être et la Sainte Trinité ?*

G. D. : Mais c'est tout simple ! La plénitude est la vie universelle en tant que vie créatrice, le créateur, Celui qui engendre à la vie, et que la Bible appelle Père. La loi, c'est la Loi intérieure qui structure, ordonne, forme toutes choses et leur donne un sens, c'est le Verbe, le Christ : « Par lui tout a paru, et sans lui rien n'a paru de ce qui est paru... » Le Verbe est le Principe de toute formation, il donne forme à tout ce qui existe en tant que créature. Enfin l'Unité, qui s'exprime dans l'amour et réunit dans l'harmonie tout ce qui a été séparé, c'est le Saint-Esprit.

A G. : *Voyez-vous un lien entre les trois ?*

G. D. : Dans la Vie, rien ne s'arrête : Toujours le mouvement part du Père au Fils et du Fils par le Saint-Esprit retourne au Père. La Trinité est un mouvement, c'est le mouvement éternel, le mouvement mystérieux auquel nous participons tous en tant qu'être vivants. Il n'existe rien en dehors de la Sainte Trinité et chaque être vivant en est une image. La Vie devient Forme, et l'Unité dynamique qui est à la base de tout ce qui est vivant la relie toujours au tout ; rien n'existe donc en dehors de la Sainte Trinité parce que toute chose est là ; une force, une vie lui permettent d'exister, c'est l'Être de l'Etant, qui maintient tout dans l'existence ; ensuite toute chose est là sous une certaine forme, la forme de la fleur n'est pas celle d'un arbre ou d'un homme ; enfin toute chose est là dans une certaine harmonie avec elle-même ; dès que l'on parle de forme il y a des membres, différentes parties qui ont entre elles des rapports vivants. Quand cette Vie s'en va, les choses se décomposent, un corps humain par exemple tombe en poussière quand il n'est plus habité par la Vie.

Mais, vous le savez sans doute, la Trinité n'est pas du tout un privilège du christianisme. Il n'existe pas de religion sans Trinité. La Trinité chrétienne est la façon chrétienne de mettre en images la Trinité de l'Être : la Plénitude, la Loi et l'Unité c'est-à-dire Père, Fils, Esprit. Dans le bouddhisme on parle de Bouddha, Dharma, Samgha. Dans l'hindouisme vous avez Brahmane, Vishnou, Shiva. Dans le shintoïsme on a le sabre pour exprimer la force, le miroir pour la loi et cette fameuse chaîne, ce bijou qui avec sa souplesse représente la douceur de l'amour...

A. G. : *Alors, pour vous, quelle est l'originalité du christianisme si on trouve dans toutes les religions ce qui est le fond même de notre foi chrétienne ?*

G. D. : L'originalité du christianisme réside dans la vision de la Personne, la réalité personnelle, qui représente aussi le but de l'accomplissement humain, c'est-à-dire à travers la possibilité de devenir vraiment personne de devenir des dieux, donc de se déifier.

Mais à la question souvent posée : « Dans l'expérience de la transcendance rencontre-t-on un Toi ? », je réponds : c'est une fausse question ! En effet, tout ce qui nous touche et tout ce que nous rencontrons, personne ou objet, nous l'éprouvons comme un « toi », c'est-à-dire un être et non une chose. C'est ainsi que la conscience humaine est construite : comme sujet je rencontre toujours un sujet. Même à un mur blanc qui nous agace en nous touchant, un morceau de bois ou une pierre, nous pouvons dire : « Tu nous agaces ! » Mais ce « tu » est loin d'impliquer une réalité personnelle. Il en va de même pour le « Toi » qui nous apparaît dans l'expérience de la transcendance. Y a-t-il quelque chose de personnel dans ce « Toi » ? Le risque est grand en effet : en disant « Dieu est une personne », qu'est-ce qui me permet de dire que je ne me sers pas à nouveau d'une catégorie mentale qui nécessairement fait de Dieu une figure, une forme close, une « personne » à côté de laquelle il y a autre chose, alors qu'à côté de Dieu il n'y a rien ! C'est pourquoi je préfère parler d'une personne transpersonnelle, j'enlève ainsi les frontières. Le Dieu personnel existe au-delà du « Toi » et je dirais que la Personne s'expérimente là où commence le dialogue, ce qui est le cas lorsque j'entends la voix qui me parle du fond de mon être essentiel. Dans le dialogue Dieu se révèle comme Personne insaisissable et appelle l'homme à se réaliser à son image et à sa ressemblance. Voilà ce qui caractérise le noyau du christianisme et qui en fait sa particularité : l'homme responsable vis-à-vis du divin en tant qu'être existentiel le manifeste en tant que personne. L'Esprit veut devenir chair...

A. G. : *« Dieu devient homme pour que l'homme devienne Dieu », dit la Tradition avec saint Athanase et « Dieu expérimente l'homme pour que l'homme expérimente Dieu » proclame saint Irénée. La personne n'est pas un objet de connaissance, elle est insaisissable et comme Dieu un abîme sans fond, et s'il est vrai qu'elle est inséparablement de connivence avec Dieu, elle ne peut donc se révéler à nous que dans l'expérience qui nous rend transparents à l'Être et nous aura fait passer auparavant par la mort à tout ce qui est objectivable. Dans l'Évangile l'attitude d'acceptation et le « oui » à la réalisation de la personne sont constants mais le sommet en est certainement l'exigence à aimer ses ennemis. Alors la nature se dépasse et l'homme est engendré à la plénitude de la liberté. Rien ne rend plus libre que le pardon ; je crois que, au-delà de toutes les techniques de transformation de soi, c'est là un des grands secrets du passage de l'individu à la personne. Le starets Silouane de l'Athos disait que l'amour des ennemis est le seul critère infaillible de notre transformation... « Le Christ naît mystiquement dans l'âme à ce moment là » dirait Maxime le Confesseur. Si nous voulons donc connaître quelque chose du mystère inconnaissable de notre personne, il nous faut contempler le visage du Christ qui en est l'icône...*

G. D. : Et devenir « un » avec Lui !...

A. G. : *Le laisser agir par osmose et communion réciproques. Dans la Bible, « connaître » signifie presque toujours expérience directe, contact intime, amour... Le dialogue devient une sorte de transfusion sanguine...*

G. D. : Oui ! car sans cette expérience où toute théorie disparaît, l'homme, instruit dès son enfance dans les catégories abstraites d'un Dieu personnel, si toute sa vie il n'a jamais entendu parler autrement de la Divinité, il va projeter l'image d'un Dieu indépendant dans les cieux au moment où il est touché par l'Être. C'est le résultat ou le fruit d'une tradition transmise dès l'enfance, car l'homme préforme nécessairement la façon de voir, même de sentir et de comprendre une expérience dans laquelle il est touché par le Tout-Autre.

A l'inverse, par exemple dans la tradition bouddhiste, si dès son enfance quelqu'un est initié à une autre façon de concevoir la Divinité et à maintenir dans sa conscience la grand vide, alors, même si dans une méditation profonde surgissait dans sa conscience d'homme une figure, une forme quelconque, il saurait que c'est une image et qu'en réalité il n'y a rien qui lui permette de donner une image humaine à Dieu.

A. G. : *Les mots sont à la fois magiques et piégés ! Sans eux, l'expérience reste informe : la Parole-Expérience est le puissant révélateur du cœur de Dieu ; avec eux on court sans cesse le risque de cérébraliser, de mettre la réalité divine en formules et de tuer la Vie ! C'est pourquoi il faut à la fois le Christ et l'Esprit pour rencontrer le Père. Jésus a dit : « Je suis venu pour qu'ils aient la Vie » et «Il est bon pour vous que je m'en aille car je vous enverrai l'Esprit Saint ». Quand la Parole est crucifiée, l'Esprit nous la rend intérieure, nous la réalisons. Le Verbe est la Parole qui sort du Silence et retourne au Silence, c'est ainsi qu'Il fait de nous des dieux. Toute autre parole se paye de mots...*

G. D. : C'est là le grand tournant et en même temps la difficulté : dans tout homme, chrétien ou non, il y a le moi conditionné par le temps et l'espace, pour lequel la réalité n'existe que dans des formes. Or celles-ci cachent et révèlent en même temps une essence universelle, la Réalité des réalités, quelque chose d'incompréhensible, d'invisible qui peut vous envahir : la seule chose qui importe pour moi, c'est de prendre conscience que ces trois élans de la Trinité de l'Être : les formes, l'essence et l'envahissement expérimental sont profondément reliés entre eux, et de créer les conditions qui permettent d'entrer dans leur mouvement. C'est le sens et le but de la pratique que je propose.

VI

« LE CHEMIN, LA VÉRITÉ, LA VIE »

(Jean 14, 6)

GRAF DÜRCKHEIM : Créer des conditions c'est parler d'abord technique. Ne nous méprenons pas sur la technique, elle n'est pas chose extérieure. Comme disent les Orientaux : « La technique parfaite est le Tao, et le Tao vécu est la technique. » C'est-à-dire qu'elle est déjà une expression de l'Être essentiel, une manière de se manifester que lui offre le méditant.

ALPHONSE GOETTMANN : *Dans ce sens nous avons déjà évoqué la parole du Christ : « Je suis le Chemin », donc le Christ est le Chemin, et le Chemin est le Christ. A l'expérience chacun constate d'ailleurs très vite qu'une attitude du corps bien comprise est déjà prière.*

G. D. : Cependant pour que l'Être essentiel puisse se manifester pleinement et dans une forme personnelle, il faut une transformation de l'homme total : corps, âme, esprit, car les obstacles se trouvent sur tous les plans et s'interpénètrent.

A G. : *S'il est vrai que le corps est l'expression visible de tout l'univers invisible en nous, alors on comprend que toute attitude physique signifie en même temps quelque chose de psychique et de spirituel...*

G. D. : Le grand théologien Karl Rahner a prononcé cette phrase formidable : « Le corps est la forme spatio-temporelle de l'esprit. » On assiste là à un retournement chez les chrétiens, car durant des siècles on a fait du corps le principal obsctacle sur le chemin et l'opposé de la spiritualité, il fallait donc y renoncer et le mater, chose curieuse pour une religion dans laquelle Dieu a voulu se faire chair et prendre un corps d'homme... Quoi qu'il en soit, si le corps incarne l'esprit comment pourrait-on le séparer de l'homme ? Le corps est l'homme dans sa manière d'être là dans le monde, il réunit donc les conditions pour aller vers ce qui est sans condition.

Nous avons du mal à comprendre parce que nous considérons toujours et partout seulement le corps qu'on *a*, comme un objet ou une propriété. A côté de cette vision unilatérale des choses, on peut relever le défi d'une autre vision radicalement différente : celle du corps qu'on *est* ! En allemand on a la chance de pouvoir dire *Körper* pour le corps qu'on a et *Leib* pour le corps qu'on est.

Le corps qu'on a est quelque chose de matériel, de physique, séparé de l'esprit, de l'âme ; le corps qu'on *a* éveille en nous une conscience particulière qui cherche la santé, l'efficience... C'est un instrument qui doit bien fonctionner. Ce corps, ce n'est pas nous, au contraire c'est un objet qui doit être à notre disposition. Tandis que le corps qu'on *est* diverge totalement de l'autre. En paraphrasant on pourrait dire de ce corps qu'il est notre manière d'être là en tant que personne, la façon d'être là dans le temps et l'espace, ici et maintenant. Cette façon d'être là, veut dire l'ensemble des gestes par lesquels nous nous exprimons et nous nous présentons ; gestes qui sont portés par une conscience absolument différente de la conscience du corps qu'on a. Celle-ci est dirigée vers la santé et peut-être la beauté, quant à l'autre, elle est orientée vers la transparence au noyau transcendant de nous-mêmes. Prenons un exemple tout simple : nous sommes en train de dîner, les mets sont succulents, nous continuons à manger et cela ne fait encore aucun mal ni à notre santé ni à notre beauté. Nous poursuivons toujours notre repas et voici qu'arrive le moment où, si nous prenons encore ne serait-ce qu'une bouchée, nous nous sentirons un peu étouffés, un peu bloqués, privés brusquement du contact avec notre profondeur ; alors là, nous avons pêché contre notre esprit intérieur de la transcendance. Cela n'a pourtant rien à faire avec notre beauté ou notre santé. On est comme coupé de soi-même et on regrette cette bouchée en trop. Il s'agit donc d'un tout autre plan que celui de la santé-beauté, c'est une façon d'être qui nous laisse en contact avec notre être profond, et cette attitude forme la conscience du bien ou du mal vis-à-vis du corps qu'on est. C'est ainsi que sur le plan existentiel on peut faire quantité de gestes, mouvements ou actions, façons de parler même, qui sont contraires à la loi du transcendant...

Si le corps qu'on est signifie l'homme et la personne elle-même dans sa façon d'être là, on peut donc éveiller la personne à travers ses gestes. Prenons encore un exemple: les gens vont souvent chez le médecin à cause de cette douleur bien connue dans les épaules qui est quasi générale. Le médecin formé par la science objectivante du corps qu'on a dira : « Oui, vous avez des crampes, des muscles crispés, je vais vous prescrire des calmants, peut-être faudra-t-il des massages. Si cela ne va pas mieux, on vous fera des piqûres... » Ce médecin voit le corps qu'on a. Mais pour celui qui voit le corps qu'on est, la tension dans les épaules représente une attitude de la personne identifiée avec son moi existentiel qui se méfie de quelque chose. Chaque tension du corps qu'on est exprime une méfiance contre le monde, contre les moments à venir par exemple et qui pourraient être désagréables. On est toujours sur le qui-vive, on craint d'avoir à se défendre ou à attaquer et de n'être pas matériellement ou spirituellement en mesure de le faire... La contraction la plus forte se localise dans les épaules et la nuque, c'est la fameuse « nuque raide » dont parle la Bible ; elle représente toujours, comme je viens de le dire, une méfiance contre le monde ; tandis que les tensions au niveau du cœur et du plexus représentent une méfiance contre les émotions, au niveau du ventre et du bassin la tension signifie une méfiance vis-à-vis des forces cosmiques, au niveau des pieds enfin c'est une méfiance face à la terre et une certaine peur de prendre racine. Ce ne sont ni les médicaments ni les massages qui vont changer quoi que ce soit mais la découverte et l'exercice d'une attitude de confiance par le corps qu'on est.

On peut dire que toute maladie propre à l'homme est l'expresion d'un dérangement de la personne, du corps qu'on est. La médecine actuelle commence à comprendre cela. On parle d'une médecine psycho-somatique, mais là encore il y a distinction entre *psychè* et *sôma*. Il faut aller plus loin et voir la personne entière s'exprimer selon sa façon d'être là, juste ou fausse, dans la vie. Si le thérapeute est lui-même dans une attitude juste, le moindre toucher met alors son client dans une autre attitude, on joue dans ce cas en tant que corps qu'on est sur un corps que l'autre est et non sur le corps qu'il a. Bien sûr, tout le travail fait sur le corps qu'on est, se reflète sur le corps qu'on a et vice versa, tout ce que fait le médecin avec ses remèdes a une influence sur le corps qu'on est. Il faut comprendre qu'il y a une manière d'être là qui exprime la confiance, et s'enraciner dans ce comportement. Dans mon enseignement cela s'apprend dans une posture, une manière d'être là dans laquelle on est enraciné dans son centre vital appelé *Hara*. Voilà les conditions dans lesquelles peut s'inscrire une technique de travail.

A. G. : ***Suivant la vision que l'on adopte, la technique peut donc être une ascèse de domination et de dégagement, car « la chair a des désirs contraires aux désirs de l'esprit », ou une ascèse de transfiguration, puisque ce même « corps est un temple du Saint-Esprit... associé à la plénitude de la divinité » dit Saint Paul. Dans le premier cas, le corps sera « la bête à dompter » comme le suggère encore aujourd'hui Lanza del Vasto ; l'ascèse devient alors « mortification », très souvent dans l'histoire proche de « mutilation »... Dans le deuxième cas on cherchera plutôt à « glorifier Dieu dans son corps » pour m'exprimer encore avec saint Paul, et l'ascèse deviendra davantage une discipline. Mais comme vous venez de le dire, le travail sur le corps qu'on est se répercute aussi sur le corps qu'on a et inversement. Celui qui flagelle le corps qu'il a et lui impose un cilice ou lui refuse les truffes et les sucreries, élimine les parasites et peut un jour éteindre l'animal au bénéfice de l'esprit. Autant pour un médecin y a-t-il un abîme entre les deux visions du corps, autant pour un spirituel peut-il y avoir, je crois, des ponts qui relient les deux. Car tout est dans l'attitude. François d'Assise matait son corps, « le frère âne » comme il l'appelait, jusqu'à la mort, mais ses stigmates laissaient transparaître « la joie parfaite »... N'était-ce pas parce qu'il s'adonnait des heures durant chaque jour à la contemplation, comme le font d'ailleurs invariablement tous les mystiques ? La contemplation est en tout cas la porte royale vers l'attitude juste, le chemin privilégié et l'exercice de base de votre enseignement. Sans elle il n'y a pas de maturité humaine ni chrétienne.***

G. D. : Exactement ! La méditation et toute la vie méditative qui en découle, sont la grande réponse à l'invitation de Jésus : « *metanoeite* », convertissez-vous ! C'est une obéissance radicale à vivre sur un autre plan que celui de la morale altruiste. Il s'agit d'une percée vers le mystère que nous sommes en nous-mêmes, et d'une vie libre orientée exclusivement vers la manifestation de l'Être divin. Ce n'est pas là le produit d'une pieuse imagination ou un objet de croyance mais le contenu d'une révolution totale de la conscience, qui au fond nous est innée.

Le mot « méditation » se trouve aujourd'hui sur bien des lèvres et revêt des sens très variés. Pour ce qui est de mon enseignement, je prends « méditer » au sens passif : *meditari*, être conduit vers le centre, même si l'étymologie n'est pas entièrement garantie. Dans cette acceptation, le mot méditation est un terme générique qui recouvre, pour moi, à la fois les trois phases bien connues au Moyen Age : « concentration, méditation, contemplation ».

Pour partir sur la bonne route, il faut savoir avant tout que c'est l'Être qui nous cherche, que c'est l'Être qui voudrait devenir forme en nous et que c'est Lui qui fait le travail dans la mesure où nous le Lui permettons : le divin cherche à se réaliser en nous, nous n'avons rien à faire que de Le laisser faire. Le travail du jardinier est un bon exemple : il ne peut tirer sur la plante afin de la faire pousser plus vite, mais il doit veiller à préparer les conditions grâce auxquelles ce mouvement, ce dynamisme de la vie ne soit pas bloqué.

Il en va de même dans la méditation : en créant les conditions nécessaires, elle devient un exercice de transformation. La première condition, c'est en effet l'attitude, comme vous le disiez, l'attitude juste. Et pour la méditation cela commence d'abord par la concentration et la bonne assise. Lorsqu'on demandait à Maître Eckhart d'où lui venait sa grande sainteté il répondait : « De mon assise d'abord. » On peut bien sûr, méditer dans n'importe quelle posture et progresser, pourvu qu'on ait l'esprit en de bonnes dispositions...

A G. : *Shri Aurobindo avait remplacé l'assise par douze heures de marche quotidienne et saint Siméon le Nouveau Théologien a atteint les sommets de la sainteté étendu sur le dos : sa colonne vertébrale était cassée... !*

G. D. : Des millénaires d'expérience nous permettent cependant de dire que la posture héritée de la tradition Zen est la plus bénéfique. Il faut ajouter aussitôt que le fond de la chose en question est inscrit aussi bien dans le corps de l'homme occidental...

A. G. : *C'est dans la nature de l'homme, il aime s'asseoir tout près de la terre et il le fait d'autant plus spontanément qu'il a moins de structure intellectuelle. J'ai pu constater avec quelle facilité les arriérés mentaux s'asseoient en lotus sans jamais l'avoir appris. De tout temps l'assise sur les talons appelée « du tailleur » était familière à l'Occidental, et elle est devenue depuis Thérèse d'Avila aussi traditionnelle chez les Carmélites qu'au Japon...*

G. D. : Mais nous devons à la tradition Zen de nous rappeler à ce sujet certaines exigences qui permettent une entrée rapide dans le processus méditatif, éliminant les obstacles à la transparence de l'Être. En particulier l'importance de la verticale juste dans l'assise, qui sort du bon ancrage dans l'horizontale qu'est la région de l'abdomen et du bassin, à savoir le centre de gravité, le *hara,* où se rassemble toute l'énergie. Ici tout se tient : le véritable enracinement au bas du tronc donne naissance à une belle élancée vers la couronne, et le buste souple et détendu permet à son tour au *hara* de s'affirmer. Enraciné en terre, enraciné en ciel, c'est la constitution de l'homme, sa double origine.

L'évasion, la somnolence ou la rêverie sont à mille lieues de la méditation. Celle-ci exige la soumission à une stricte discipline, aussi bien dans la précision de l'assise que dans la fermeté de la concentration ou la fidélité sans défaillance aux exercices.

Dans la méditation elle-même on vise le « rien » de la conscience naturelle. Ce « rien » est aussi familier aux bouddhistes qu'à saint Jean de la Croix entre autres. Il s'agit non de chercher le vide pour le vide, mais si la plénitude du mystère de l'Être doit me saisir, il faut que je quitte l'agitation du multiple et que je détache ma conscience de toute chose qui l'occupe.

On a beaucoup discuté et mal compris ce vide. Certains chrétiens s'accrochent à la méditation seulement objective sur une pensée ou une image et pensent que le reste est bouddhiste...

A. G. : *C'est qu'ils n'ont probablement pas fait beaucoup de chemin vers leur propre Silence intérieur et ne connaissent pas mieux celui dont témoigne leur tradition depuis ses origines ! N'ayant ni l'un ni l'autre, ils confondent inévitablement le Dieu de Jésus-Christ avec celui des philosophes. Qui donne naissance au Verbe : les belles constructions mentales de Platon ou l'attente silencieuse et virginale de Marie ? Saint Paul insiste pourtant avec beaucoup de vigueur dans sa première lettre aux Corinthiens, pour dire qu'on acquiert la véritable sagesse spirituelle à la condition de « détruire la sagesse des sages », c'est-à-dire de se libérer de l'esclavage de la sagesse du langage rationnel et dialectique.*

G. D. : Faire le vide en soi, c'est-à-dire devenir une coupe virginale, est une condition capitale pour tout chrétien. Le Verbe veut prendre chair en nous, mais si nous sommes encombrés par le multiple, nous ne pouvons pas « l'accueillir » comme dit saint Jean « car il n'y a pas de place dans notre hostellerie ». Tant que notre conscience n'est pas dégagée, nous restons aveugles et sourds, avec « des yeux qui ne voient rien, des oreilles qui n'entendent pas ». Les représentations et images mentales de Dieu font de lui une abstraction, il faut s'en dépouiller pour passer de la mort à la vie. Il s'agit de renaître : pour moi, la méditation n'a de sens que si elle transforme l'homme et si celui qui médite sort autre que lorsqu'il y est entré. Si après une demi-heure de méditation on est le même qu'avant, c'est qu'on était dans une fausse attitude.

A. G. : *Cela explique pourquoi tant de religieux et religieuses qui méditent une heure ou parfois deux par jour toute une vie durant, se retrouvent dans leur vieillesse pleins d'amertume et sans joie. « Loin d'être vides d'eux-mêmes, ils en sont emplis... et spirituellement malades », remarquait Thomas Merton qui connaissait bien la vie monastique...*

G. D. : Hélas ! On peut faire de belles considérations sur Dieu et même entrer en profondeur avec sa raison dans une parole d'Évangile sans que cela ne nous change jamais ! C'est une sérieuse méconnaissance de l'homme que de le réduire à sa tête. L'attitude juste lui révélerait qu'il est aussi souffle, cœur, centre profond...

A. G. : *Je suppose qu'après l'assise l'élément le plus important dans l'acte méditatif, c'est justement la respiration ? En bons Occidentaux nous l'avons rabaissée à n'être qu'une institution où l'on se procure de l'air. Mais qu'est-elle en réalité ?*

G. D. : On passe totalement à côté de la question si la respiration n'est qu'un phénomène corporel ! En vérité elle est le Souffle de la grande Vie, le Souffle qui imprègne tout ce qui vit, et l'homme dans sa totalité : corps, âme, esprit. Si la respiration n'est pas correcte, l'homme tout entier est en désordre. Tout dérèglement de la respiration montre un dérèglement de l'homme qui influe sur tout ce qu'il est et fait. Bien plus : il bloque la manifestation de l'Être et influe sur l'ensemble du développement intérieur et tout le devenir de la Personne. En fait, toute mauvaise respiration est la conséquence du petit moi dominateur qui a retiré le Souffle du centre profond animé par le diaphragme, et l'a installé dans la partie supérieure et volontaire de la poitrine, activée alors par les muscles auxiliaires.

La respiration juste, elle, est le grand mouvement de la Vie qui d'un battement se donne, et d'un autre se reçoit ; vécue consciemment durant la méditation, ce mouvement s'empare peu à peu de tout l'homme pour le transformer à travers une mort et une renaissance continuelles, sans cesse approfondies. Ce grand « meurs et deviens » est la formule fondamentale de la vie présente au sein de la respiration comme d'ailleurs dans la création entière. Il s'agit d'un processus de métamorphose dans lequel la domination unilatérale du petit moi existentiel est abandonnée en faveur d'une nouvelle naissance, et l'éclosion de l'Être essentiel. C'est un véritable ensevelissement du vieil homme, toujours à reprendre, une mort à toutes les formes figées de l'existence pour renaître sur un tout autre plan comme une personne, avec toute la dimension que ce terme implique.

A. G. : *Vous me donnez envie de chanter l'hymne : « Ouvrez vos cœurs au souffle de Dieu, sa vie se greffe aux âmes qu'Il touche ! Qu'un peuple nouveau renaisse !... Ouvrons nos cœurs au souffle de Dieu car Il respire en notre bouche plus que nous-mêmes ! »*

G. D. : Tout cela, ce n'est pas des images ou une théorie à

appliquer durant l'exercice, mais c'est ce qui se produit en fait dans l'acte respiratoire quand il est juste et dont il faut prendre conscience d'une manière toujours plus parfaite en le vivant : le grand lâcher-prise jusqu'à l'abandon dans l'expiration, et dans l'inspiration le retour régénéré, nouvelle créature. Ainsi l'homme est saisi dans sa totalité, corps-âme-esprit, par ce mouvement de la transparence qui, à chaque respiration, contient en raccourci tout ce qui doit mûrir sur le chemin. Il n'y a pas de limites au progrès de ce mouvement de la transformation.

La respiration est le mouvement transformant par excellence, il nous est inné. Il faut être extrêmement vigilant à la relation entre expiration et inspiration. Lorsqu'on a compris qu'il ne faut pas inspirer, capter l'inspiration, mais que « ça nous inspire », au sens propre du mot, alors on pourra vivre à fond la respiration. Il faudra donc mettre d'abord l'accent sur l'expiration, c'est-à-dire se lâcher. Ce n'est qu'après avoir lâché prise que l'on peut recevoir ; l'inspiration vient d'elle-même. Dès que l'inspiration est active et volontaire, on ferme la porte au lieu de l'ouvrir. L'inspiration comporte trois aspects dans un même mouvement : l'ouverture, la visitation et la plénitude. Si vous demandez à quelqu'un d'expirer profondément, la plupart du temps il fera une grande inspiration persuadé qu'il faut d'abord prendre pour pouvoir donner. C'est juste sur le plan existentiel : il faut avoir pour donner mais sur le plan spirituel c'est exactement le contraire ; il faut tout donner pour recevoir.

Au fond l'inspiration est toujours le cadeau d'une bonne expiration ; on la reçoit et dans ce sens elle a une double signification : c'est le souffle qui me remplit pour le bon fonctionnement de mon organisme, et c'est sur un tout autre plan « l'in-spiration », je suis inspiré ou Cela m'inspire ; dans l'inspiration une Présence s'empare de moi...

A. G. : *L'Occidental a l'habitude de mettre la main sur les choses les plus merveilleuses et de s'en constituer propriétaire, ce n'est pas étonnant qu'il le fasse aussi avec l'inspiration et qu'à ce compte il s'oxygène sans être vivifié... Mais l'expiration peut-elle être un acte volontaire ?*

G. D. : Oui, dans l'exercice elle est d'abord un acte volontaire, puis elle coule d'elle-même . Il s'agit d'en devenir conscient, de la suivre, non de la « faire ». Ceci est vrai pour tout le mouvement respiratoire ; en général la respiration de l'homme est faussée, la plupart des gens ont aujourd'hui une respiration mal placée et trop haute, ils respirent avec la poitrine au lieu du diaphragme : résultat d'une attitude de qui-vive et d'un moi toujours engagé. Dès que l'on s'agite, la respiration monte, on est « hors de soi, pas d'aplomb ni dans son assiette ». A l'inverse quand on est bien « dans son assiette », détendu et centré, on a une respiration juste, par le diaphragme, c'est alors seulement que la respiration devient un mouvement de la personne entière. Le premier devoir dans l'expiration, c'est donc de lâcher prise, d'abord dans les épaules, c'est-à-dire se lâcher en tant que personne et non en tant que muscle. On travaille sur soi-même non sur son corps. Au lâcher-prise dans la partie supérieure de soi-même au début de l'expiration succède spontanément une descente au cours de l'expiration, un don de soi qui se termine à la fin de l'expiration par un abandon. On s'assied dans son bassin, dans sa bonne assiette. Etre « bien dans son assiette » est une expression de cavalier qui signifie avoir une bonne assise, mais en même temps « assiette » désigne un plat ou une coupe ; on pourrait dire « être bien dans sa coupe », le bassin se fait coupe d'accueil pour la vie nouvelle, on est d'aplomb, calme, sans peur... Comme dans l'inspiration, nous retrouvons dans l'expiration trois aspects dans un même mouvement : lâcher-prise, don de soi, abandon.

A. G. : *L'abandon est une remise totale de soi, le sommet de l'ouverture dans l'attente confiante. Le moment entre l'expiration et l'inspiration n'est pas un arrêt statique et voulu mais il ouvre sur un abîme mystérieux et vivant d'où naît l'inspir qui donne la vie...*

G. D. : Avec la pratique, ces deux grands mouvements : expiration-inspiration, deviennent les deux pôles d'un mouvement unique appelé « roue de la métamorphose », mort... naissance... détente... tension... et l'harmonie entre tension et détente mène à la « tension juste ». Il est important de faire la différence entre détente et avachissement-dissolution. Tension-détente justes sont les deux faces de l'être vivant tandis que crispation-dissolution sont deux états qui s'excluent. L'homme qui n'est pas centré fait sans cesse le pendule entre crispation et avachissement : tendu dans le haut ou laisser-aller, deux attitudes qui mènent à la mort. Le Diable, l'Adversaire de la vie, fait deux choses : il arrête le mouvement en haut ou en bas, dans le durcissement ou l'avachissement, deux attitudes statiques que l'homme épouse dans la mesure où il est enfermé dans son petit moi existentiel qui veut maintenir sa position. La sagesse de la Vie est un mouvement perpétuel qui ne permet pas un seul instant de s'arrêter. Par contre, quand la « tension juste » s'approfondit, le mouvement respiratoire devient presque imperceptible ; alors, la source de la Vie, l'Être, peut nous visiter : grands bouleversements qui nous portent parfois jusqu'à l'extase, ou petits touchers de l'Être, et enracinement en soi jusqu'à l'instase. Autant l'instase peut devenir une expérience fréquente pour celui qui avance sur le chemin, autant le *satori*, la grande illumination est-elle rare. On parle trop facilement du *satori* ; un des plus grands maîtres Zen a dit qu'il en avait eu trois dans sa vie.

Toujours est-il que l'expiration est un saut dans l'inconnu avec une totale confiance et sans restrictions, qui développe la réceptivité du chercheur à l'extrême, le conduit à l'abandon radical d'absolument tout et le fait entrer alors dans la nuit mystique, les ténèbres de la mort. Sans elle, il n'y a pas de résurrection. Cela suppose souvent des années de pratique.

A. G. : *Mais sur le Chemin il n'y a pas que la sécheresse du désert, fort heureusement ! Parfois le feu du Buisson Ardent s'y manifeste, ou la source qui jaillit d'un rocher, un puits artésien, une oasis... autant de lumières et de points de fraîcheur, messagers avant-coureurs de la grande Lumière-Illumination ! Toutes les promesses bibliques sont là et nos devanciers sur le Chemin les ont vécues avant nous : Moïse et tout son peuple à la recherche de la Terre Promise...*

G. D. : Ce qui doit nous encourager, c'est un travail inlassable afin que ces expériences, qui ne durent parfois qu'une fraction de seconde, deviennent toujours plus fréquentes et plus profondes. La « roue de la métamorphose » doit tourner sans relâche... Les attitudes fausses du corps qui empêchent l'union avec l'Être s'éliminent progressivement. Les tensions et raideurs, qui expriment toujours une distorsion de la personne, sont de mieux en mieux détectées et relâchées. L'enracinement dans le cenre vital fait sauter toutes les fausses sécurités et la personne passe de l'état de méfiance et de crispation à celui d'une confiance absolument originelle.

A. G. : *Celui qui s'approche de ce rivage vers une nouvelle Présence, surprenante et inconnue, laisse là ses anciens filets...*

G. D. : Désormais il cherche d'abord le Royaume intérieur de l'Être. Il apprendra à tuer délibérément dans l'œuf tout ce qui est contraire à cette voie, en particulier toutes les garanties dans lesquelles il risque de se réinstaller sans cesse, qu'elles soient matérielles, morales ou de l'ordre de la croyance. Cependant dans tout ce travail c'est d'abord l'effort qui compte, non le résultat ! Il est l'affaire de chaque instant et pas seulement de la méditation.

A. G. : *Quand les conditions essentielles d'une technique sont réunies : tension juste - respiration - enracinement, et que le processus de la transformation est ininterrompu, « la technique devient Tao » et le chercheur entre dans une attitude que le Zen appelle* hara. *Il s'agit du centre de gravité localisé dans l'abdomen et le bassin, mais qui est en fait une disposition de l'homme tout entier exprimé à travers le corps qu'il est. Devant lui s'ouvrent les étapes de la maturité sur un chemin sans limites. Mais quel est cet homme ?*

G. D. : Si quelqu'un réduit le *hara* au sens littéral de « ventre », il n'a encore rien compris car il s'agit en effet de la constitution de l'homme entier grâce à laquelle il se débarrasse de la prédominance du petit moi méfiant et crispé. L'homme qui est dans son hara n'est pas situé dans ses épaules mais dans son bassin, il est dans son « assiette », repose sur une base solide d'où il peut accepter le monde et la vie tels qu'ils sont, dans une confiance profonde.

Le hara est le centre vital de l'homme ; cependant son centre vrai restera toujours le cœur. Pour garder le cœur ouvert il ne faut jamais s'y concentrer de façon objectivante mais se sentir tout d'abord dans son centre vital, qui est le bassin entier, afin d'entrer en contact avec la force universelle qui l'habite. Comme vous le savez, il y a en nous deux forces : celle de la volonté que nous « faisons » et la force universelle à laquelle nous participons et qu'il faut savoir admettre. La force qu'on trouve à travers le hara est une manifestation individuelle de cette force universelle, appelée *ki*. On a mille preuves de cette force, en voici un exemple simple : Je mets mon bras droit à l'horizontale et demande à quelqu'un de le plier... si je retire mon hara et rentre le ventre, l'autre finira par plier mon bras. Si par contre je me lâche dans mes bras et que bien détendu et dans mon hara je laisse monter la force dans le bras, il n'y aura plus rien à faire, personne ne pourra le plier. La volonté n'entre pas en jeu, c'est très curieux.

Encore un exemple : Assis sur une chaise, deux hommes peuvent facilement vous lever. Si vous vous mettez dans votre hara, ils en seront à peine capables. On ne sait pas encore ce qu'est cette force sur le plan physique...

A. G. : *Le psalmiste crie souvent : « Seigneur, tu es ma force, en toi j'ai mis ma confiance... Je m'appuie sur toi... » Pour celui qui a la foi, la force du hara peut-elle être assimilée à la présence divine ?*

G. D. : Attention ! La façon dont vous posez la question risque de faire du divin une réalité plus ou moins close. Je dirais plutôt : « Qu'est-ce qui n'est pas manifestation de la force divine ? » C'est dans l'Être Divin que nous avons « la vie, le mouvement et l'être », comme dit saint Paul. C'est donc Lui le véritable centre de tout ce qui existe et tout ce qui existe ne réalise sa vérité intérieure qu'en permettant à l'Être de se manifester dans sa forme particulière. On peut dire que l'homme est vraiment dans son centre quand il a pris conscience de son chemin propre comme d'une vérité innée et d'un appel personnel, et qu'il est capable de le réaliser consciemment à travers le moindre geste du quotidien.

A mesure que la réalisation du chemin pénètre les couches profondes de la conscience, celui-ci représente un retournement radical, une réorientation de fond en comble. La vie ne gravite plus autour de l'homme mais de l'Être divin et de sa manifestation. Etre centré se traduit alors par une sensibilité extrême à tout ce qui empêche la transparence et à tout ce qui la favorise. C'est un état de veille-critique permanent qui mobilise l'homme dans sa totalité.

Ici le corps dans sa forme, son attitude et toute sa dynamique est l'expresion du devenir de la personne, toujours en voie de transformation. Celle-ci évolue entre le haut et le bas, entre ciel et terre, et restitue progressivement l'homme à sa double origine : terrestre et céleste ; l'ouverture au *hara* l'enracine dans les forces cosmiques et le libère de l'esclavage du petit moi, tandis que l'ouverture vers la partie supérieure du corps : poitrine - cou - tête, le branche sur les forces spirituelles. Mais ce n'est que lorsque l'intégration s'est faite entre ciel et terre que l'homme trouve son vrai centre qui est le cœur d'où jaillit sa personne...

A. G. : ***Finalement, ce n'est ni le hara ni la tête, mais le cœur qui est le centre de l'homme ?***

G. D. : Oui, « cœur » non comme siège de nos sentiments mais comme le centre précisément qui s'ouvre lorsque le moi a tout abandonné et que, ouvert au ciel et à la terre, il s'ancre dans ce point névralgique qui relie les deux. Physiquement ce point se trouve au niveau du plexus solaire.

C'est là que se croisent l'horizontale et la verticale ; la vie terrestre, conditionnée par tout le poids de l'histoire et la vie céleste, non conditionnée, au-delà de l'espace et du temps, l'Être divin. C'est seulement dans le champ de cette tension que se forme le centre personnel de l'homme ; quand il permet à l'inconditionné de se manifester dans le conditionné et que s'éclot la force dans la faiblesse, le sens dans le non-sens, l'amour dans la cruauté du monde ; quand l'homme sait qu'il ne peut vivre que par l'Être, pour Lui et avec Lui, et que sans cesse il accepte la responsabilité de ne pas le trahir par une fuite dans l'horizontale. Au cœur de cette tension, et animé par ce mouvement incessant entre horizontale et verticale, l'homme est en croix. Mais de son centre jaillit la lumière de la personne qui naît et renaît. La mort par la croix est inséparablement toujours résurrection, nouvelle vie. Le symbole de la croix est aussi celui de la situation universelle de tout ce qui est vivant, contenant la tension entre la réalité supranaturelle de l'image de sa semence et des conditions spatio-temporelles qui lui permettent de manifester cette image dans une forme conditionnée. Ainsi toute la création est, elle aussi, en croix.

Mais il y a plus : ce croisement qui révèle le centre de l'homme et de toutes choses est également le centre incandescent d'une rencontre, celle du Christ. Il est, Lui, le Centre de tout centre et le Principe de toute forme, le Verbe par qui tout subsiste, Celui qui réunit ciel et terre. On doit donc dire que l'homme est dans son centre là où il se sent un avec le Christ et entend son appel comme d'un Maître intérieur. Toute sa vie alors sort du Christ.

Dire cela n'aurait évidemment aucun sens et ne serait qu'une croyance pieuse sans grande valeur s'il ne s'agissait d'une expérience effective et d'une transformation, d'un chemin concret qui traverse les affres de la mort vers une autre vie !

A. G. : *C'est ce que Jésus a vécu et il ne nous convie à rien d'autre. Jamais le Christ n'a cherché à endoctriner son auditoire contrairement à tous les petits catéchismes de bonne conduite morale. Son enseignement est une « bonne nouvelle » appelant toujours à l'expérience la plus concrète : « Venez et voyez ! » sont les premières paroles adressées à ses disciples et le contenu d'un programme non à « savoir », mais à « réaliser ». Tout le problème de l'éducation religieuse actuelle est là : c'est un problème de méthode. Les apôtres avaient saisi cela et en étaient saisis. A la suite du Christ, leur prédication n'avait rien de théorique et se trouvait loin d'être un simple assentiment intellectuel à une proposition dogmatique. Le paradoxe chrétien de la croix, précisément, intervenait pour crucifier l'entendement. Saint Paul le présente comme une « folie » et demande à ses auditeurs d'accepter l'inacceptable pour qu'ils éprouvent en eux cette puissance secrète et mystérieuse qui est la présence du Christ lui-même. « Etre cloué sur la croix du Christ » signifiait, pour lui et les chrétiens, une expérience rigoureuse de mort, de telle sorte que le petit moi ne soit plus le principe, le centre de nos actions ; elles procèdent désormais du Christ qui vit en nous.*

La dynamique de cette théologie extraordinaire se déploie encore durant tout l'âge d'or de la patristique. Les leviers sur ce chemin sont la sortie de son moi, la purification intérieure, ce que vous appelleriez le « lâcher prise » et la contempla-

tion éliminant résolument tout concept sur Dieu. Jusque dans la formulation même des dogmes, d'ailleurs très peu nombreux, on poursuit la réalisation de cette expérience. L'expression des dogmes est souvent antinomique, paradoxale, contradictoire, ce qui oblige la raison à sortir de son circuit fermé, à éclater en quelque sorte et à transcender vers le mystère qu'elle ne peut que contempler. A côté de cela, ceux qui s'appellent « théologiens » aujourd'hui, ne font bien souvent que de la philosophie religieuse...

G. D. : Le beau système de croyances qu'on a échaffaudé dans la tête des chrétiens, s'est vidé et s'écroule maintenant. C'est leur détresse et le malheur de notre temps. Ils cherchent une vérification expérientielle de leur foi à laquelle ni leur éducation ni aucune catéchèse n'a jamais donné droit. On leur a transmis une doctrine, ignorant totalement ce qu'est l'éveil à leur réalité de « personne » et ce que suppose l'épanouissement de celle-ci.

A. G. : *Et pour cause ! Où sont dans la plupart des Églises d'aujourd'hui les éveilleurs, les prophètes, les maîtres ?... Pourtant, qui n'aspire à réentendre à travers la voix d'un prophète ou d'une Église, le brûlant appel de Jésus : « Viens et suis-moi ! » et à se mettre à sa suite concrètement sur la fameuse « Voie » dont parlent si souvent les Actes des Apôtres ?*

G. D. : Vous touchez là au cœur même de tous mes efforts ! Je cherche à me situer dans le sillage du Christ et non de Bouddha. Ma visée n'est pas de proposer des expériences de libération ou d'illumination, mais leur fruit, qui est la transformation en une personne. Or le Christ nous a montré le chemin de ce devenir et l'a vécu devant nos yeux. Il est lui-même ce Chemin, comme il l'a dit : « aller à sa suite », c'est découvrir son « Royaume qui n'est pas de ce monde ». Pour cela il est indispensable en effet, comme vous l'avez rappelé, de se « charger de sa croix », d'accepter donc l'inacceptable comme le Christ, l'anéantissement du moi existentiel par la traversée de la mort, de l'absurde, de la solitude, et dans l'abandon à l'Être, de faire l'expérience de la rédemption. « Celui qui perd sa vie à cause de moi, la trouvera »...

Il est donc le Chemin, mais aussi la Vie, et pour la trouver il faut avoir tout lâché. « Va, vends tout ce que tu as, puis viens et suis-moi. » Ce n'est qu'à cette condition que chacun peut réaliser sa vérité propre, en suivant Celui qui est « le Chemin, la Vérité et la Vie ».

En Jésus la grande Vie ouvre ses yeux pour la première fois, en lui l'homme devient conscient qu'il est lui-même cette grande Vie et appelé à la manifester, à la laisser trans-paraître dans l'existence. Jésus est le « Nouvel Adam » parce qu'il est le premier homme en qui se reconnaît pleinement la « personne ».

L'expérience de Dieu fait homme en Jésus-Christ est un événement inouï au sein de l'histoire. Elle est l'aboutissement d'un long devenir humain, et de cette expérience de Jésus sort l'histoire nouvelle de l'humanité. Désormais vivre en plénitude veut dire participer à ce tournant de l'histoire en suivant Jésus-Christ...

A. G. : *Et la vraie vocation de l'Église, c'est d'appeler chaque homme à vivre cette expérience prodigieuse en communion avec d'autres, pour que, comme dit le psalmiste, « de l'océan à l'océan et jusqu'aux confins de la terre », toute l'humanité se mette en marche vers cette unique aventure. Alors l'Église est le mystère même du Seigneur parmi les hommes et non un empire socio-politique... Voilà à chaque époque sa responsabilité bouleversante et tragique.*

VII

POUR UN NOUVEL ART DE VIVRE

ALPHONSE GOETTMANN : *On croit savoir qu'en Allemagne plus d'un million de personnes méditent régulièrement chaque jour. Votre centre ne désemplit jamais. On y rencontre des gens de tout âge, toute profession, toute nationalité. A son tour, la France s'éveille peu à peu à votre enseignement. Il est pourtant plus intéressant, plus attirant de faire du sport, de la danse, du yoga... que de s'asseoir en silence dans une austère immobilité... A quoi peut-on attribuer cet énorme « succès » ? L'homme actuel, sous les décombres de l'agitation et de toutes les apparences contraires, ne pressentirait-il pas qu'il est appelé à la Joie, à devenir un tout autre ?*

GRAF DÜRCKHEIM : Oui ! Dans le chaos du moment l'homme s'interroge plus que jamais sur le vrai sens de sa vie. Or, la direction n'en n'est donnée qu'à travers l'expérience. C'est là que la méditation répond à son désir de réaliser sa personne complète. Personne, vient de *personare* : sonner à travers ; devenir un moi existentiel transparent à l'Être essentiel. L'acte méditatif ouvre l'homme et permet à la Voix divine, qui est l'expression de son être essentiel, de « sonner » à travers son moi conditionné. De cette transparence naît la personne et c'est alors seulement que l'homme s'accomplit en profondeur...

A. G. : *...accomplissement qui devient une question de vie ou de mort pour notre temps. Si l'homme étouffe sous la pollution, s'il se trouve à la veille d'une nouvelle guerre mondiale, c'est parce qu'il est intérieurement asphyxié et qu'il a cessé d'être lui-même. Mais croyez-vous que la méditation, à elle seule, suffise à reconstruire ce monde qui s'écroule ?*

G. D. : Tout va vers l'homme et part de l'homme. Il est certain que la méditation le transforme profondément, mais elle n'est qu'un temps fort pour un autre style de vie. Elle permet d'acquérir « l'attitude juste » qui doit nous habiter sans cesse à travers tout le quotidien, car le quotidien est le vrai champ d'action et d'exercice. Au commencement du chemin on fait des exercices, mais à mesure que l'expérience s'approfondit, l'homme lui-même devient Exercice. Il ne s'agit plus d'un « savoir-faire », mais d'une manière d'être. On atteint la maturité humaine quand le temps où l'on perd le contact avec l'Être devient de plus en plus court. Selon le vieux dicton, « chaque instant est la meilleure des occasions », et la pratique dans le quotidien signifie, en toutes choses, recueillement et conversion. Ainsi, en nous éveillant à l'Être en nous, nous sentirons aussi l'Être essentiel des choses et nous rencontrerons l'Être au milieu du monde entier.

A. G. : *N'est-ce pas là que se réalise au plus fort la fameuse phrase de Suzucki que vous avez citée : « Regarder au dehors comme on devrait regarder en dedans, en faisant du dehors un dedans. » L'extérieur devient champ d'expérience intérieure, et peu à peu, extérieur et intérieur sont l'expression d'une même réalité. « Tout a une profondeur », dit Paul Tillich, finalement tout est intérieur.*

G. D. : Mais cela nécessite d'autres yeux et d'autres oreilles et relève, au-delà d'une culture livresque, d'une culture de l'expérience intérieure. Autrement dit, il s'agit d'une délivrance de tout un contexte habituel et en même temps d'une ouverture vers un chemin complètement nouveau, inattendu, d'un appel à une mission dont l'homme n'a jamais pris conscience avant : il est doué, capable, et fait pour devenir le témoin d'une Réalité qu'il vient d'éprouver. Il s'agit d'une déification de plus en plus totale. L'homme apprend à entendre, à éprouver le divin à travers tout ce qu'il rencontre, pas seulement dans une belle fleur ou un beau paysage, mais à travers tout il voit l'invisible : il entend ce que l'on ne peut pas entendre, il touche au contact des choses, ce qu'on ne peut toucher... Il voit, il sent, il touche la Présence ; c'est donc par les sens qu'il commencera à témoigner du divin. Par exemple, il voit dans une fleur non seulement la fleur conditionnée que chacun peut voir, mais il voit à travers cette fleur, l'essence divine dans la forme particulière de cette fleur. Cette façon d'éprouver la vie de la fleur et de la reconnaître est à son tour une manifestation du Divin.

Une autre manière de témoigner du Divin, c'est dans l'action... Quoi que l'on prenne en main, au sens propre ou figuré, peindre ou jardiner, construire une maison ou donner forme à n'importe quoi, c'est à nouveau une occasion. J'ai vu cela au Japon, en observant un paysan qui devait faire un trou dans un mur. Il réfléchit longtemps : « Où vais-je mettre ce trou, un peu plus à droite ou à gauche ? » Enfin l'endroit qu'il trouve donne au mur entier un caractère particulier qui révèle quelque chose de l'au-delà : une harmonie, que l'on doit d'ailleurs trouver dans chaque pièce d'art, sinon elle n'est pas digne de ce nom, c'est une croûte. On parle d'art quand il est transparent à la transcendance ; l'artiste, cela va sans dire, est appelé à manifester le divin dans son travail, dans ce qu'il forme et fait. Cette résonance, le numineux, est pour lui la qualité primaire par excellence.

Plus loin encore, la manifestation du divin dans la formation d'une personne, une personne transparente à elle-même et aux autres, ce qui devrait être le but de tout éducateur. Prenez par exemple un professeur de piano : son devoir à lui n'est pas seulement de former des élèves jouant parfaitement, mais il s'agit de former un être humain à travers l'apprentissage du piano, de sorte que ce qu'il sait faire serve à ce qu'il doit devenir. Le sens de l'efficience n'est pas l'œuvre, mais le devenir de celui qui est capable de faire une œuvre. Il en a été ainsi pour un des grands maîtres du piano : Lipati. Sa réputation mondiale ne l'a pas empêché de reprendre de l'exercice chez un autre grand maître, dit-on. Pendant toute une année, il n'a joué que Do-Ré-Mi... Après cela, il avait acquis ce toucher formidable que l'on peut apprécier maintenant en écoutant ses disques et ses concerts. Le vrai toucher du piano est autre chose qu'une bonne technique, c'est le résultat d'un homme qui a été transformé.

Enfin, une dernière façon de manifester le « divin », c'est l'amour. L'amour est le véritable champ de la présence du divin, mais de nouveau il faut dire que l'amour a une qualité complètement différente si l'on est, ou non, branché sur la transcendance. Il n'est pas qustion ici de l'amour-sentiment, gentil, consolant qui rassure et réchauffe... mais à travers tout celà, de l'amour qui reconnaît et éveille dans l'autre le centre essentiel. Cet amour-là peut être très sévère... L'amour humain en général, l'humanisme, envisage trois choses : sécuriser l'autre quand il a peur, donner un sens à sa vie et l'abriter dans une communauté. L'homme est sans cesse à l'affût de cela, alors que l'amour qui répond à l'appel de l'Être est tout à fait autre. C'est l'amour qui éveille au sein même de la personne aimée cet abri, ce sens, cette chaleur, exactement là où dans le monde elle se trouve complètement perdue, dans l'absurdité et la solitude. Ici, transmettre l'amour à partir du noyau divin, c'est faire trouver à l'autre la vie dans la mort, le sens au-delà du sens et du non-sens, et l'amour dans la solitude.

Celui qui est en contact avec l'Être fera donc très attention lorsqu'il s'agira de consoler. La consolation peut être très dangereuse. Il y a quelque temps une personne m'écrivait : « Voyez dans quelle impasse je me trouve, n'aurez-vous pas un mot de consolation pour moi ? » La connaissant bien, j'ai répondu : « Même si j'avais ce mot de consolation, je ne vous le dirais pas, car alors, je vous permettrais de rester dans votre trou. Il faut sauter ! Et si je vous aidais à supporter votre situation, ce serait très gentil de ma part, mais une grande faute. »

A. G. : *Ce saut de l'humanisme gentil à la déification annonce un bouleversement radical pour ceux qui consentent à le vivre... « La vraie morale se moque de la morale », disait Pascal, parce que l'homme désire vivre et non jouer au Don Quichotte qui se bat contre des moulins à vent. Dieu invite l'homme à une mutation vertigineuse : passer du créé à l'incréé, de l'humain au divin, du visible à l'invisible, de la morale à la déification en lui-même et à travers tout ce qu'il fait et entreprend. A tout moment, il est touché par le « triple rayonnement », comme chante la liturgie, et cela d'une façon très réaliste, vous l'avez dit : face à tous les dangers d'annihilation, d'écrasement, de diminution et de mort, la Plénitude du Père qui cherche à nous engendrer... face au ridicule de la vie et à toutes les formes de morosité, la Lumière du Fils qui révèle le vrai sens de toutes choses... face à la solitude et au déchirement, l'Amour commu-*

niqué par l'Esprit... Quand nos prières nous appellent à devenir des « initiés de la Trinité », elles résument l'essence même de toute l'anthropologie chrétienne, qui ne vise à rien d'autre qu'à cette déification, à cette transparence de tout l'homme à « l'éclat du triple soleil intérieur » et à devenir une personne qui passe de l'image de Dieu en elle à la ressemblance... On peut dire qu'à chaque instant, dans notre attitude, notre façon de marcher, de nous asseoir, d'être dans nos cinq sens, d'approcher les êtres et les choses, à travers toute action, toute pensée ou sentiment, peuvent avoir lieu le plus simplement du monde ces épousailles divino-humaines qui sont la véritable vocation de l'homme et en dehors de quoi rien n'a de consistance. Pouvez-vous peut-être préciser comment on est impliqué dans sa totalité corps-âme-esprit dans cette transformation dont le quotidien est le maître ?

G. D. : Il n'existe rien en dehors de ce triple élan de la grande Vie, incorporé en tout ce qui vit et existe. Le tout, en effet, c'est d'y être ouvert et de rester en contact. L'ouverture de la conscience intérieure commence par une façon d'être là en tant que corps que l'on est. Il s'agit d'une présence qui sent tout de suite quand elle a lâché le fil d'or qui nous unit avec l'Essentiel. C'est une attitude de recherche perpétuelle, comme le chien de chasse qui ne perd jamais la trace du gibier. L'attention est toujours dirigée vers la profondeur. Au Japon, un ami m'a demandé si je faisais l'exercice du Zazen... Je réponds : « Oui », il me demande : « Quand ?

— Le matin de sept à huit heures.

— Oh ! Alors vous n'avez encore rien compris du tout ! Si vous ne continuez pas toute la journée, cela ne vous servira à rien. »

Mais si j'avais dit : « Je suis en exercice toute la journée », il m'aurait répondu : « Cela ne vous sert à rien, si vous ne faites pas un exercice particulier le matin ». Donc les deux vont de pair pour mettre l'homme en état d'éveil continuel. La méditation agit sur la manière d'être dans le quotidien et le quotidien agit sur la méditation, mais, dans les deux cas, c'est la même attitude. Quoi qu'il fasse : marcher, s'asseoir, peler des pommes de terre, tricoter ou la chose apparemment la plus superficielle... l'homme peut regarder en dedans et rester ouvert à la chance d'être touché par le divin ; aucune situation de la vie existentielle ne doit être fermeture, on est mobilisé entièrement et continuellement. Mais seule l'attitude juste permet d'avancer et de mûrir sur ce chemin ; cela est impossible si vous êtes crispé, épaules en l'air et contractées, ventre rentré et respiration de surface, décentré... toutes choses qui expriment à l'extérieur ce que vous êtes à l'intérieur : dominé par un petit moi arrogant, angoissé et solitaire. C'est une prison dont toutes les portes sont fermées ! Tant que le petit moi n'a pas fait sauter les verrous et quitté la place, aucun contact avec l'Être n'est possible... Pensez à tous ces soi-disant « religieux » dont la sainteté apparente n'est qu'une énorme crampe ! Ils ont les traits tirés, les lèvres serrées par l'effort volontaire, le regard ailleurs, un visage sans joie...

A. G. : *« Un saint triste est un triste saint », c'est bien connu et les derniers siècles de volontarisme spirituel ont souvent introduit dans la recherche de l'intériorité un subtil orgueil qui a fait descendre les démons dans la rue, si ce n'est dans les couvents ou les communautés, où l'on s'entre-déchire si souvent...*

G. D. : L'homme est un tout inséparable. S'il est divisé en lui-même, le corps d'un côté, l'âme de l'autre et l'esprit je ne sais où, que voulez-vous qu'il apporte aux autres, que peut-il rayonner autour de lui sinon son état désespérant ?

A. G. : *L'attitude juste dans l'unité corps-âme-esprit n'est-elle pas plus facile au travailleur manuel qu'à l'intellectuel dont le mental est toujours mobilisé ?*

G. D. : Il faut faire la différence entre le travailleur intellectuel se servant de sa *ratio* utile, nécessaire, et le rationaliste qui s'identifie totalement avec sa raison. Je crois qu'à la base, au commencement du chemin de tous les vrais mathématiciens ou physiciens par exemple, il y a un grand élan spirituel ou religieux qui peut les accompagner tout au long de leur travail, et la découverte de la solution d'un problème peut être un instant d'expérience spirituelle très intense. Leur métier est leur façon à eux de répondre à la nostalgie de trouver le mystère extraordinaire de la Vie et de se couler dans la poussée de l'Essentiel. C'est une attitude pieuse à l'extrême, au grand sens du mot, et cela est parfaitement possible au sein même d'un laboratoire...

A. G. : *La théorie de la relativité a été découverte par Einstein lors d'une expérience spirituelle absolument fabuleuse, un jaillissement éblouissant de l'Être. La vérification rationnelle n'en est venue qu'après et elle est loin d'être terminée ! Le sera-t-elle jamais ? Car pour vraiment comprendre il faudrait refaire la même expérience au lieu de transpirer mentalement.. Il y a la crampe des mathématiques comme il y a la crampe de la sainteté ! Mais cette fois-ci ce serait sur les écoles que se porterait notre regard... Quel homme y fabrique-t-on ?*

G. D. : Le problème est général. Dès qu'on a une autre vision de l'homme, on peut constater à quel point on le mutile partout, dans toutes les instances qui s'occupent de lui. Il faut dire que dans l'éducation actuelle c'est particulièrement désastreux. Prenez un domaine comme le sport : ce n'est plus qu'une pauvre caricature de ce que cela pourrait être ! Lors d'une conférence à des athlètes, il m'est arrivé de dire : « Mesdames, Messieurs, vous avez sans doute fait dans votre vie une course de quatre cents mètres. Lors d'une réussite n'avez-vous pas fait l'expérience que ce n'était plus vous qui courriez, mais un Autre à travers vous ? » C'était le silence... Après la conférence, un des athlètes est venu vers moi : « Vous avez dit quelque chose d'extraordinaire... Après une maladie, j'ai repris la course ; là, à ma grande surprise, j'ai fait la course la plus rapide de ma vie, ce n'était pas moi mais un Autre. J'ai éprouvé alors un sentiment d'une profondeur, d'une beauté divine, une joie comme jamais plus de ma vie ! Et c'est maintenant, grâce à ce que vous venez de dire, que je comprends que ce moment-là n'était pas seulement le sommet de ma vie sportive, mais aurait pu être le commencement d'une nouvelle vie. J'aurais dû comprendre qu'il s'agissait d'une expérience de l'Être qui exigeait au fond un autre travail, devenu possible à cause de cette transformation de moi-même. Mes exercices de sport auraient dû se faire désormais dans cette optique-là pour rester en contact avec la Réalité essentielle que je venais de découvrir. »

C'est ce genre de découverte personnelle qui fait comprendre la déchéance et le malheur du sport actuel. La règle des Jeux Olympiques est chose affreuse..

A. G. : *La performance, le classement et la politique ont remplacé l'attitude mystique d'autrefois. La fameuse* catharsis *des Grecs vécue aussi bien lors des Jeux que des Théâtres, provoquait l'éclatement du divin tant chez l'acteur que chez le spectateur. Peut-être reste-t-il un peu de cela aujourd'hui dans les hurlements de la foule sur le stade ? Je ne pense pas qu'il s'agisse uniquement d'une psychose collective... Ne serait-ce pas un enthousiasme inconscient de sa teneur, mais en-thousiasme quand même ?* En-Théos *signifie en grec : être en Dieu... Jadis, l'éducation grecque formait des êtres liturgiques ; leurs Jeux, tout comme la musique et les arts, tenaient la première place dans les écoles. C'était une véritable pratique d'un culte. On retrouve encore aujourd'hui cette même vénération dans le tir à l'arc japonais, vous en avez fait l'expérience, je crois...*

G. D. : Oui ! Lors de mon séjour au Japon j'étais à la même école que Herrigel, l'auteur du *Zen dans l'art chevaleresque du tir à l'arc.* On vous apprend durant trois ans à tirer sur une cible de paille d'un mètre de diamètre à trois mètres de distance. Il ne s'agit donc pas d'atteindre la cible, mais de développer un ensemble de mouvements qui sont la condition d'une technique du véritable tir à l'arc. La visée est qu'un jour, après des années d'exercice, vous arriviez à une maîtrise parfaite de la technique de sorte que vous tiriez sans l'intervention du moi et avec l'exclusion totale de la volonté. Quand l'ambition de toucher la cible et la peur de rater le tir sont totalement évacués, alors la technique, absolument nettoyée de toute ambition de tout savoir-faire et ingérance du petit moi, permet au centre profond de vous-mêmes, et à travers vous, de laisser partir la flèche. Ce n'est plus vous qui tirez, c'est la Réalité profonde qui tire à travers vous et, dans un acte particulier, chante le chant éternel de l'apparition de l'Être... A ce moment-là, celui qui tire fait l'expérience extraordinaire de quelque chose d'inouï qui le traverse. Les spectateurs qui ont des « yeux pour voir », perçoivent un rayonnement prodigieux émanant de celui qui tire...

Il faudrait encore évoquer la cérémonie du thé dans la tradition japonaise ; tout est dans la préparation. Mais préparer le thé, jusqu'au moment où on le boit, exige un certain nombre de mouvements. On apprend à exécuter chaque mouvement avec perfection et puis à les enchaîner tous. Fait dans les dispositions dont nous avons parlé, cela donne, non seulement pour celui qui le voit, mais pour celui qui le vit, la possibilité d'un contact avec la Transcendance.

A. G. : *Il y a sans doute là une leçon peu commune pour l'apprentissage de la valeur spirituelle dans les mouvements simples du quotidien...*

G. D. : Évidemment ! Si vous faites dans le quotidien, avec le même sérieux, des gestes qui se répètent sans cesse, alors vous arriverez un jour à faire ces mêmes gestes sans que votre moi s'en mêle et vous pourrez faire la même expérience. Tout peut devenir exercice. Mon Maître Teramoto me disait que son exercice principal du matin, c'était de se raser, qu'il y avait là une séquence de mouvements qui reviennent chaque jour et qu'en essayant de les perfectionner, il s'offrait la chance d'une expérience profonde.

On ne voit quelque chose que là où on regarde, on ne trouve que là où on cherche. Tout le temps, et en toute occasion, on peut développer la conscience intérieure et sensitive, éveiller le goût du numineux, sinon on passe à côté du réel. Une action aussi simple que la marche peut être un médium excellent pour apprendre l'ouverture vers l'Être ; rien que la marche consciente. C'est d'ailleurs un exercice en haute estime au Japon : le *Kin-hin*. Il s'agit de sentir l'acte, non de le penser, de le faire en pleine conscience, l'attention dirigée vers la profondeur de vous-même. C'est pourquoi, parmi les mouvements automatiques, la respiration est un terrain privilégié. Dès que vous la suivez consciemment, sans la déranger, vous pouvez être saisi par le Souffle divin.

Cela s'applique aussi bien à n'importe quel métier. Un comptable qui, toute la journée, aligne des chiffres..., sa manière d'être là en écrivant des chiffres peut être une prière. Au fond, le fait que la conscience soit occupée par un travail, n'empêche en rien le contact avec l'Être. La question est toujours de savoir comment ce travail précis que je suis en train de faire me permet de m'entraîner à l'attitude juste pour témoigner du divin. Il en va de même pour les travaux manuels... Observez un maçon ;

la façon dont il jette le ciment contre le mur... quel mouvement magnifique, c'est comme une danse... il peut y avoir chez le maître-maçon dans la répétition de ce geste une expérience numineuse... Les peintres qui font toujours le même mouvement... j'en connais pour lesquels c'est un véritable exercice spirituel... Le paysan, quand il se sert de sa faux... cela peut être un acte religieux dans son expérience, regardez son visage... Et les artisans : le cordonnier, le ferronnier... dans les ateliers où ils travaillent depuis dix ou vingt ans, où ils font toujours les mêmes mouvements, il règne dans l'atmosphère une qualité du numineux qui ouvre vos sens dès que vous entrez à son contact.

A. G. : *Il y a hélas aussi tous les métiers qui sont moins en continuité et en harmonie avec la nature humaine... Je pense à l'ouvrier écrasé par le travail à la chaîne, à ceux que j'ai vus sous des vêtements d'amiante travailler à mille degrés de chaleur près des hauts fourneaux ou accroupis à 400 mètres sous terre dans la nuit pluvieuse d'une mine de charbon... Je suis rarement entré dans une expérience aussi forte du mystère de la vie qu'au contact de ces visages terrifiants, défigurés et pourtant transfigurés par un regard qui me plongeait dans ma propre profondeur.. Mais ont-ils conscience, eux, d'être à tel point des témoins de la Lumière ?*

G. D. : Leur situation est comparable à celle de soldats dont nous avons parlé, qui se trouvent au front et frisent sans cesse le danger, la mort et le non-retour. Dans la mesure où ils acceptent l'inacceptable, ils peuvent être envahis par un sentiment de libération profonde, au sein même de leur esclavage. Rien, en tout cas, pas même leur condition de vie atroce, ne peut empêcher leur avancée sur le chemin intérieur...

A. G. : *Au contraire, c'est peut-être difficile à admettre, mais il me semble que plus le prestige et le clinquant de ce monde leur est refusé, plus ils sont ouverts à l'autre Monde présent au fond d'eux-mêmes. Cela explique sans doute pourquoi Jésus les a déclarés « heureux » et premiers élus de son royaume... Cela explique aussi pourquoi ils arrivent, quand ils le veulent, à mettre cette énorme Force qui est en eux au service de la solidarité ouvrière et du combat pour la justice...*

VIII

OMBRES ET LUMIÈRES SUR LA ROUTE

ALPHONSE GOETTMANN : *Il y a quelques millénaires, Patanjali, le père du Yoga, disait : « La pratique, c'est l'intensité de la vigilance permanente. » Autrement dit, qu'il s'agisse de la méditation ou du quotidien comme exercice, tout est dans l'attention ; elle est l'attitude fondamentale et la clé de l'éveil au divin. Toutes les traditions religieuses et sagesses spirituelles sont unanimes à ce sujet. Mais comment faire de cette conviction une réalité ? Voilà le vrai problème. Comment avoir une attention soutenue et ininterrompue dans un monde qui s'ingénie à la désorganiser sans cesse et à nous plonger dans la division ? Nos belles intentions ne risquent-elles pas de rester lettre morte ?*

GRAF DÜRCKHEIM : Bien sûr ! L'attention permanente est le premier art auquel il faut s'exercer. C'est un état d'éveil critique qui surveille sans cesse et sans relâche les mouvements de notre esprit et de notre corps. Cela est terriblement dificile. Attention contient le mot tension : c'est une « tension vers », sans crispation, animée par la nostalgie et le désir du contact fidèle avec l'Être. Dans un article, le docteur Stachel montre ce que le Zazen apporte aux chrétiens et il avoue lui-même avoir appris par là à prier un Notre Père sans distraction. Mais que veut dire « être distrait » ? J'ai demandé un jour à Guardini ce qu'il pensait d'un enfant qui bâillait en priant le Notre Père... Il m'a bien sûr répondu que cela ne se faisait pas.

« Et pourquoi pas, lui ai-je répondu, il n'y a rien de plus normal et cela m'arrive aujourd'hui encore !

— Mais c'est de la distraction...

— Bâiller lorsqu'on dit : pardonne-nous nos péchés, signifie qu'on réalise effectivement la prière, le pardon a provoqué un lâcher-prise et une détente, quelque chose de nouveau peut commencer... »

A. G. : *Le recueillement et la prière, tout comme le travail, surtout intellectuel, sont pratiquement impossibles sans détente. Là, l'eutonie trouve toute son importance ; à travers la relaxation musculaire et la résolution nerveuse, la personne sort de son goulot d'étranglement et accède au recueillement avec beaucoup plus de facilité. L'attention est en proportion directe de la détente. Mais dans quel noviciat et quelle école l'enseigne-t-on ?*

G. D. : La condition de la détente réalisée, on éduque l'attention par la concentration sur un objet et on essaie d'y demeurer quelque temps. De tout temps, et dans toutes les traditions, l'objet qui s'y prête le mieux, c'est la respiration. En suivant la respiration consciemment, cela permet vraiment d'éliminer toutes les pensées qui surgissent « comme une meute de singes autour de votre tête », selon le dire japonais... Elles ne s'en vont que si vous êtes capable de rester concentré sur un seul point.

A. G. : *Ne touchons-nous pas ici au secret de tous les génies et surtout des saints ? Les biographes de François d'Assise disent qu'il concentrait en un seul point une énergie gigantesque. Par ailleurs, le Swami Sivananda parle tellement du* one pointed mind, *de l'esprit concentré sur un seul objet. De même, l'antique tradition de la « Prière de Jésus » focalise tout l'être sur un seul centre : le cœur...*

G. D. : J'ai une expérience personnelle de l'efficacité profonde de la « Prière de Jésus ». C'est le « mantra » chrétien par excellence. *Les récits d'un pèlerin russe* qui relatent cette pratique m'ont énormément intéressé. On y parle d'un livre appelé *Philocalie*, et à ce sujet il m'est arrivé une drôle d'histoire... Je me demandais tout le temps si cette *Philocalie* existait ou si c'était une invention du pèlerin, cela m'intrigait. Et à la minute même où j'y réfléchissais, voici que le facteur frappe à ma porte et me remet une carte postale d'une dame russe habitant à Paris. Je ne la connaissais pas du tout et elle m'écrivait : « Monsieur, en lisant un de vos livres, j'ai eu l'impression que la *Phi-*

localie pourrait vous intéresser, je vous informe qu'il existe maintenant une traduction anglaise de l'original. » Huit jours plus tard, j'avais la *Philocalie* entre les mains, et je pouvais lire les commentaires des Pères de l'Église sur la Prière de Jésus ! (Il éclate de rire.)

A. G. : *Pour une fois la « petite voix » s'est faite extérieure !...*

G. D. : ... celle de Dieu... pas la mienne !...

A. G. : *Le P. Lassalle, un des meilleurs spécialistes occidentaux du Zen, dit que la* Prière de Jésus *est dans la tradition chrétienne ce qu'il y a de plus proche de la méditation Zen. Selon sa propre expérience, la respiration y joue un rôle important ainsi que l'exclusion de toute pensée discursive pour trouver le lieu du cœur comme centre unificateur.*

G. D. : Je connais très bien le P. Lassalle. C'est avec lui que j'ai introduit le Zazen en Allemagne lors d'une session de quatre cents participants, sur le thème : « Orient - Occident ». Il a près d'un demi-siècle de pratique Zazen derrière lui, a écrit de gros livres sur la question, il est persuadé que, par l'exercice du Zazen, l'ouverture au Christ devient de plus en plus grande.

A. G. : *L'exercice du Zazen est certainement une très grande école d'attention. Rien ne vous rend plus présent à la seconde qui passe, que l'assise dans une totale immobilité et la prise de conscience du mystérieux jaillissement de la vie ; alors l'attention est à son sommet le plus aigu.*

G. D. : Le problème de l'attention est cependant plus ardu pendant la journée ; cela ne va pas de soi ! La vigilance permanente est le fruit d'une décision complète de l'homme. Elle présuppose une décision qui va jusqu'au bout de votre être dans l'avancée sur le chemin. La profondeur de la décision est la seule garantie d'une fidélité au chemin que vous voulez prendre. Ce n'est qu'au moment où vous avez réellement décidé de grimper jusqu'au sommet d'une montagne, que vous ne rebroussez plus chemin à la moindre fatigue... La profondeur de la décision est le meilleur garant de l'attention. Au-delà de la promesse de prendre un chemin ou de rester dans une certaine attitude pendant quelque temps, il s'agit d'une décision qui donne mauvaise conscience à chaque infidélité et le sentiment d'une trahison.

La fidélité aux exercices est soumise aux mêmes conditions. Dans la fermeté de la décision se trouve le point d'honneur vis-à-vis de Dieu : si on lâche, on se trahit soi-même et le Maître intérieur qui est plus sévère que le maître extérieur. Par ailleurs, c'est aussi une question de discipline : en dehors de la discipline imposée de l'extérieur, il y a celle qui nous est intérieure et que nous prenons en pleine liberté, bien différente de l'autre, car elle devient chair en nous et nous permet de réaliser envers et contre tout une décision qui peut nous paraître inutile et ridicule à certains moments.

A. G. : *La bonne détente, la concentration sur un seul point, la décision vécue dans une discipline sévère, sont donc les leviers de l'attention. Il me semble que la conscience de vivre un choix décisif et d'y tendre de toute sa personne fait que tout s'organise autour de cette visée première et que l'on s'approfondit dans cet effort. Au-delà des aspirations confuses ou contradictoires, l'exigence de la décision prise oblige à sélectionner, à mettre des priorités dans les valeurs et les initiatives, à éliminer souvent douloureusement... On entre alors dans un état d'offrande : n'est-ce pas là le sens du sacrifice ? Aux yeux de certains, on se diminue peut-être, ou on se divise, en réalité la vraie décision nous centre au maximum, elle regroupe et unifie. On vit intensément du présent et on forge l'avenir...*

G. D. : C'est une véritable ascèse, et sans ascèse il n'y a pas de progrès ! D'après saint Thomas, « l'ascèse est un travail bien ordonné dont le résultat est une constitution de l'homme qui fait éclater la plénitude de l'Être ». Quelle définition ! C'est bien ça..., et même si peu de gens y parviennent, ce chemin aboutit à la Présence. Celui qui l'a expérimentée n'a plus de doutes, mais il va toujours retomber dans une attitude fausse et infidèle à cette reconnaissance. On n'arrive jamais à la perfection et personne ne peut prétendre avoir atteint l'état de vigilance perpétuelle. « Le juste tombe sept fois par jour », dit la Bible !

A. G. : *C'est là que les « rappels » à heure régulière et les « pense-bête » sont une aide bien précieuse...*

G. D. : Chacun devrait avoir chez lui un objet, ne fût-ce qu'une petite pierre lui rappelant l'appel du Tout-Autre. Pour beaucoup, c'est une croix, une image ; pour moi, ici, c'est ce visage du Christ, le Saint Suaire de Turin, toujours là, face à ma table de travail et qui me rappelle qui je suis...

A. G. : *Dans chaque demeure orthodoxe se trouve une petite icônostase, le coin des icônes, devant lesquelles brûle en permanence une veilleuse. Mais chez vous aussi, la bougie brûle...*

G. D. : Oui... La bougie allumée fait partie du lieu où je travaille. Elle est pour moi un signe de vie et de lumière, il en est de même pour l'encens...

On peut aussi mettre dans sa poche un marron ou un objet quelconque : à leur simple contact on se remet dans la bonne attitude. Il n'y a rien de magique à cela, les objets en eux-mêmes n'ont pas d'importance, mais c'est ce qu'ils nous disent qui est important, la réalité, l'appel qu'ils représentent. Enfin, ce qui peut beaucoup nous aider dans le quotidien, c'est le cérémonial. Hélas, quand je demande à mes élèves quel est leur cérémonial, je constate avec tristesse que beaucoup n'en ont pas. Mais ceux qui en adoptent un en sont très heureux à l'expérience ! Il s'agit d'un ensemble de signes que l'on se donne pour exprimer le lien de l'existence avec le divin. Chacun peut trouver son propre cérémonial : par exemple s'incliner en entrant dans sa chambre, au commencement et à la fin d'une journée faire sa prière debout ou à genoux, se prosterner, se signer, lever les mains pour l'offrande ou d'autres gestes encore... cela nous remet sur le chemin vers Dieu.

A. G. : *Et plus le geste est pur, libre de toute ingérence du moi, plus l'homme devient transparent... mais du geste pur à la conscience pure la route est longue...*

G. D. : Ce qui la bloque, c'est ce que la psychologie des profondeurs, à la suite de C.-G. Jung appelle « l'ombre » ; il s'agit de quelque chose de sombre, de noir dans l'homme, donc de dangereux, car il s'en échappe et s'identifie avec sa façade qu'il veut maintenir et qu'il croit être dans sa conscience primitive : « Oui, je suis bon, je suis en ordre, je me comporte comme on doit le faire, je suis honnête, etc. En vérité, je fais le bien. » Cette éducation à « faire du bien... se comporter comme il faut... être en accord avec les gestes qu'exige l'éthique d'une communauté... », tout cela permet à l'homme d'oublier ce qu'il y a en réalité derrière cette façade. Or, derrière, il y a « l'ombre », l'ensemble des impulsions vitales qui auraient dû faire partie de la vie vécue, mais qui ont été empêchées de se réaliser. L'intégralité de l'homme n'a pas pu s'épanouir : ses mouvements premiers ont été retenus, ses désirs et pulsions sans cesse refoulés ou supprimés, sa créativité souvent réprimée, des expressions naturelles, des agressions ou exigences étouffées, même l'appel vers des choses belles, etc. Ces interdits et barrages sont aussi multiples et variés que les individus, mais le désir qui revient toujours, chez presque tout le monde, c'est celui de se débarrasser de l'empreinte des parents et des autorités de l'enfance. J'aurais bien voulu dans mon inconscient tuer mon père. Or, non seulement je ne l'ai pas fait, mais je ne lui ai même pas résisté quand il m'a « engueulé » ! J'ai toujours tout empoché de ma mère ou de mon père parce que j'étais un brave garçon, et selon la conviction habituelle, « le brave garçon est celui qui obéit ». Quelle terrible phrase ! Les enfants sont sages parce qu'ils obéissent. Quelle sagesse ! Cet autoritarisme est à la base de beaucoup de malformations de l'être humain... C'est le père de famille qui dit de ses enfants : « Je ne sais pas du tout ce qu'ils veulent, ils parlent toujours de leur liberté..., dans ma maison chacun peut tout de même faire ce que je veux ! » L'envie de tuer, non notre père ou notre mère, mais l'image que nous avons d'eux en nous est quasi générale : chacun doit la reconnaître et la sortir de soi, sinon il n'y a pas de devenir valable sur le chemin. Cette image est aussi à l'origine de toutes nos agressions contre Dieu...

A. G. : *Une fois que le compte des parents est réglé, reste toujours la question « qu'est-ce qui, aujourd'hui, joue pour moi ce rôle enveloppant et faussement protecteur de la mère ou du père ? » A peine a-t-on coupé le cordon ombilical que l'on s'est déjà construit un nid bien chaud ailleurs : famille, communauté,*

Église, ou une simple amitié, même le confort de sa maison ou de sa voiture, tout finalement peut être sujet d'une relation très ambiguë et empêcher l'homme d'être lui-même..

G. D. : De la « fumée jaune » se développe au fond de soi, l'inconscient s'empoisonne de plus en plus et, finalement, toute la nature est perturbée... Certes il n'y a pas que les parents avec tous leurs interdits qui sont la source de cette « ombre ». L'éducation scolaire et la société par leur mise en tutelle des richesses de chacun, la mainmise de la bureaucratie, la suprématie de la rationalisation et tous les avatars de la vie moderne organisée à l'extrême prennent largement le relais après l'enfance ; en outre, chaque individu s'impose à lui-même son propre comportement, une éthique, une apparence...

A. G. : *Blanc à l'extérieur, noir à l'intérieur... Un peu comme ces nombreuses églises à Rome : quelques-unes sont des chefs-d'œuvres, mais beaucoup n'ont qu'une façade merveilleuse qui abrite derrière elle, quand vous y allez voir, une affreuse maison !... L'homme cherche à sauver la face et cache l'essentiel !*

G. D. : En somme tout est là, car le noyau de tous les refoulements c'est la propre essence de l'homme. L'ombre la plus profonde est en même temps la lumière primordiale refoulée, le refus dans la conscience humaine de l'Être essentiel. Voilà en fait notre mal intrinsèque, rien ne contrarie autant le devenir intégral de l'homme que celui-là, source permanente de mécontentement, de souffrances inexplicables et de maladies physiques et psychiques. Il faut devenir conscient de ce refoulement de l'Être essentiel et, au lieu de l'étouffer, l'éveiller ; puis, grâce à sa manifestation, permettre à la vie d'élargir l'horizon de l'expérience jusqu'aux dimensions du surnaturel.

A. G. : *Cette « ombre » qui filtre tout et nous fait vivre dans le mensonge continuel vis-à-vis de nous-mêmes, loin de notre vérité profonde, peut-elle se guérir par la méditation seulement, ou faut-il aussi d'autres thérapies ?*

G. D. : C'est un long travail que de discerner et d'intégrer les puissantes énergies de l'ombre. Mais l'homme devenu conscient de l'oppression de son Être essentiel et décidé à tout prix, comme nous l'avons dit, à entreprendre les durs exercices d'une méditation régulière, entre dans un processus de transformation et peut avancer sur le chemin initiatique jusqu'à la pleine lumière. Malheureusement, le Saint-Esprit ne peut pas toujours effacer un complexe du père ! Tout dépend de notre manière de prier ou de méditer et de l'intime prise de conscience du Christ immanent en nous en tant qu'expérience vivante. Ce n'est qu'à ce contact que l'émancipation de l'homme peut se produire et la vraie Vie ouvrir les yeux. Mais cela nécessite parfois et même souvent d'autre moyens plus appropriés selon les cas que la méditation. Une de mes collaboratrices vient justement de rentrer d'un monastère où elle a pratiqué le psychodrame avec sept religieuses. Elle était profondément émue de voir l'une d'entre elles sortir brusquement tout ce qu'elle cachait derrière sa robe de religieuse depuis vingt ans... Une autre encore qui ne savait plus comment prier... Là on voit un peu partout la façade d'êtres qui se comportent bien et qui sont très loin de leur vérité. C'est extraordinaire, tout ce que recèle notre inconscient ! On doit prendre conscience de ses forces noires, les prendre au sérieux et les accepter. En dehors du psychodrame, il y a bien d'autres possibilités : l'analyse des profondeurs, la psychothérapie, la thérapie de groupe, la gestalthérapie et les multiples moyens actuels de défoulement. Mais, ici encore, le discernement est capital. Trop souvent, ce que l'on propose aujourd'hui ne réalise pas du tout l'homme ; on abat les murs qu'on a construits autour de ses instincts, on libère l'inconscient et, finalement, on se met tellement à nu que l'on perd même son mystère, son secret, il n'y a plus de vie..

A. G. : ... *d'où les incompréhensibles suicides après des années d'analyse... Une thérapie qui ne prend pas en compte la dimension spirituelle de l'homme est vouée à l'échec. Le Christ lui-même n'a-t-il pas dit aux malades : « Venez à moi... je vous soulagerai.. » Il continue à le dire aujourd'hui à travers la liturgie et les sacrements, signes de sa Présence parmi nous. Nous avons constaté plus d'une guérison..*

G. D. : C'est évident ! Dans la mesure où la participation à la liturgie vous engage comme personne entière, que vraiment vous laissez votre petit moi au dehors, prêt à vous donner totalement, quand vous êtes invité à vous prosterner, à vous soumettre d'une façon authentique à Celui qui est au-dessus de vous, alors vous pouvez aller très loin dans votre profondeur. Vous devenez humble, c'est-à-dire capable de lâcher non seulement une façade extérieure, la volonté d'avoir, de savoir et de pouvoir, mais aussi beaucoup de choses intérieures : attitudes qui sont à la base de l'ombre. Je suis sûr qu'un être profondément religieux se rend compte de tous les mensonges cachés derrière sa façade et, sous l'impulsion de l'Esprit, bien des nœuds se défont. La religiosité véritable est certainement le meilleur instrument pour nettoyer l'inconscient.

Mais il est important de dépasser le plan éthique, de ne pas faire du bien parce qu'on a fait du mal, sans avoir découvert la source du mal. Votre charité risquerait alors de n'être qu'une fuite et l'expression de votre ombre...

La liturgie orthodoxe offre certainement une expérience d'éveil et de transformation de l'être. Mais n'oublions pas qu'une expérience d'éveil ne donne pas encore un éveillé. La porte est ouverte vers le mystère que vous êtes en vous-même, vous êtes sur le chemin initiatique, c'est un commencement, non une fin.

Le premier concerné, c'est évidemment le célébrant. La plupart des liturgies actuelles se sont desséchées dans un flot de paroles abstraites et une absence presque totale de gestes. Le premier responsable en est le prêtre. Autrefois, les mouvements se déployaient dans le chœur et il était important que le prêtre vive la cérémonie dans le moindre geste et jusqu'au bout des doigts, comme une danse sacrée sortant de son contact avec la Transcendance intérieure. Les paroles et les gestes en eux-mêmes, coupés du reste, ne vont pas loin... Si les célébrants comprenaient que chaque liturgie peut transformer même leur corps et donner à leur forme une transparence, alors les fidèles seraient autrement ouverts au Mystère et transformés à leur tour. Les prêtres retrouveraient leur vrai rôle de serviteur du Divin dans l'homme. Je sais bien que la force agissante des sacrements n'est pas liée à cela, mais ceux qui veulent en faire l'expérience n'en seraient que bien plus profondément touchés !

A. G. : *Je me sens effectivement concerné de très près par*

tout ce que vous dites, et conscient de ma responsabilité, car moi aussi j'étais de ces prêtres qui célébraient des messes très dépouillées, sans gestes ni ornements, dans la quasi-immobilité. Lorsque j'ai été initié à célébrer les Saints Mystères comme prêtre orthodoxe, je me suis soumis durant des semaines et aujourd'hui encore à la rigueur des exercices de détente, de respiration, de l'attitude juste et du geste pur, la pose de la voix et l'entraînement au chant... Il ne s'agit pas seulement de maîtriser un rite, mais d'entrer dans une totalité anthropologique à laquelle m'invite l'Église Corps du Christ et Plénitude de l'Esprit, que ce soit dans la liturgie, dans la théologie ou dans la vie chrétienne tout court...

IX

L'ENGAGEMENT : CROIX DU CHRIST OU CROIX ROUGE ?

ALPHONSE GOETTMANN : *Nous avançons depuis un bon moment sur le Chemin initiatique, mais ne donnons-nous pas l'impression de faire « cavalier seul » ? Que deviennent les autres, l'humanité, le monde, pendant que nous nous occupons de la vie intérieure ? Face aux militants, aux lutteurs, aux grévistes, à tous ceux qui vont jusqu'à payer de leur vie pour un monde plus juste, ne passons-nous pas pour des « nombrilistes » ?*

GRAF DÜRCKHEIM : Il y avait une fois un maître japonais qui faisait régulièrement le tour de son monastère. Un jour il rencontre le cuisinier qui lui dit : « Maître, je suis communiste, donc je pense aux autres et, quand je cuisine, je pense à nos moines pour leur faire de la bonne nourriture... » Un autre jour, il prend son courage à deux mains et demande : « Maître, à qui, à quoi pensez-vous toute la journée ? — Oh ! répond le maître, je ne pense qu'à moi-même... » Le cuisinier est effrayé. Que veut dire : « Je pense toute la journée à moi-même... ? » Question souvent posée : « Les gens qui méditent et prennent la voie intérieure ne deviennent-ils pas des égoïstes ? » C'est un grand malentendu, on ne s'enfonce pas dans son moi existentiel, mais on cherche à s'ancrer dans l'Être. Cela exige, comme nous l'avons dit, un travail indispensable sur son inconscient, sur soi-même, pas sur l'autre. On s'occupe de soi mais dans quel but ? Justement pour s'ouvrir à la Réalité Transcendante au fond de soi qui, par définition, est l'Amour universel !

Bien souvent, on constate chez les gens soi-disant « engagés » une flatterie du petit moi, ou une fuite devant l'Essentiel, au nom duquel ils prétendent s'engager. Le grand scandale des « bien-pensants » et des pharisiens, c'est précisément cette

« ombre » que le moi mondain jette sur le Christ en eux : Il est, lui, la Vie étouffée, le Chemin refusé, la Vérité non-reconnue...

A. G. : *Qu'apporte-t-on alors aux autres, sinon sa propre misère ?*

G. D. : Le travail sur soi et la méditation sont exactement à l'opposé du « nombrilisme » ; ils font éclater l'égocentrisme maladif et libèrent la Lumière. N'est-ce pas d'abord à cette Lumière que les hommes aspirent ? « Mon royaume n'est pas de ce monde », dit le Christ, mais « il est en vous... ».

A. G. : *« Ils sont dans le monde, mais pas du monde »...*

G. D. : Et Il nous a reconnus comme des «frères » et nous a appelés à le suivre. Mais celui qui n'a pas fait l'expérience de sa Présence au fond de lui ne sait encore rien de cette fraternité ni du Chemin à suivre. Son engagement reste « du monde » et ne répond pas aux vrais besoins. Il ne faut pas confondre la croix du Christ avec la « Croix rouge » et le Christianisme avec le militantisme social... Certes, la Croix rouge est une branche importante de l'Arbre du Christ, mais ce n'est pas l'Arbre lui-même ! Seul le contact avec notre intériorité la plus profonde et la naissance de l'homme nouveau en nous change radicalement notre rapport au monde et aux autres. C'est seulement à ce niveau que l'autre peut être perçu comme compagnon de route et frère sur le Chemin, dans la prise de conscience que nous sommes « un » dans l'Être. La vie n'est plus la même et la vision du monde n'a plus rien de commun avec l'ancienne manière de voir les choses : on commence alors à entrevoir d'un tout autre point de vue ce que veut dire mission et engagement ! Laissant désormais de côté tout ce qui est périphérique ou agitation de surface, mettant même en question certains liens amicaux et communautaires, on peut paraître bizarre, infidèle ou anormal aux yeux de beaucoup, mais peu importe, nous sommes dans d'autres dimensions et n'avons plus du tout les mêmes points de référence...

A. G. : *Le restaurateur de l'Orthodoxie occidentale, Mgr Jean de Saint-Denys, a des paroles extraordinaires à ce sujet.*

L'acte initial de toute démarche, disait-il, le premier effort, est de devenir une personne (en grec : « s'hypostasier »), de prendre conscience de sa place en face de Dieu et de ce qu'Il veut de moi.

« Notre attention doit être projetée comme une flèche vers le Centre : le Christ. La vraie communauté humaine est comparable à un cercle formé par des frères se tenant par la main, portant les fardeaux les uns des autres, mais leur regard en ce cercle est fixé vers le Centre : le Christ. Par contre, ils voient leurs frères de profil, les apercevant à peine, plutôt liés fraternellement par une action ; ils ne s'étudient pas, ne se sauvent pas les uns les autres, tous contemplent le Centre : l'Ami de l'homme. Ma place, mon labeur dans l'Église est de discerner dans le regard du Christ ce que je dois faire. A l'image de la Trinité, la communauté humaine est l'unité des personnes unies et libres et non une masse anonyme. Plus l'unicité de notre propre être est juste, et plus la communauté est unie, plus il y a confusion entre les fonctions de notre conscience et plus l'unicité de la communauté est troublée, allant jusqu'à la destruction... Notre grandeur vient de notre réponse à l'amour de Dieu pour nous... »

G. D. : ... Dieu appelle l'homme depuis le commencement : « Adam où es-tu ? » Seuls ceux dont l'oreille intérieure s'est ouverte savent que l'homme ne devient vraiment homme et prochain qu'en répondant à cet appel, qui résonne sans cesse et devrait toujours nous suivre. Les rapports avec les autres ne peuvent atteindre leur plénitude que là où on a découvert leur vrai sens : aimer, c'est éveiller dans l'autre la dimension surnaturelle et devenir libre et fécond au service de l'Être. Aimer son prochain, c'est l'aider à découvrir les trois impulsions fondamentales de la vie : sa source vitale, son sens et son unité.

C'est tout à fait ce vers quoi nous tendons pendant la méditation face à Dieu. Je dis souvent : « Une bonne méditation produit trois effets ; vous vous sentez fort, même si vous êtes faible : c'est une force autre, différente de la force ou de la faiblesse naturelle — vous êtes en forme et intérieurement en ordre même si tout est désordonné — et surtout vous vous trouvez en contact et découvrez l'unité. Vous aurez l'impression que les arbres s'inclinent sur votre passage, que les pierres vous sourient, que les herbes bougent pour vous saluer et les personnes que vous croiserez vous seront plus proches que jamais. Pourtant votre gentillesse et votre bonté n'auront rien à faire avec l'éthique. La qualité d'amour qui est expression de l'Être n'est pas le résultat d'une soumission de l'égoïsme à un comportement éthique et aux valeurs du bon, du beau, du vrai...

A. G. : *On ne s'incorpore pas à la morale coutumière, mais au triple élan de la divine Trinité.*

G. D. : Nous avons bien sûr besoin des lois éthiques, d'une discipline de l'homme pour soumettre notre égo et même pour nous donner. La façon dont une mère se donne au-delà de ses forces à son enfant, le soldat qui donne sa vie pour sa patrie... c'est de l'héroïsme. L'héroïsme est une qualité supérieure du moi existentiel. Pour celui qui est centré sur l'Être essentiel, mourir n'est pas un héroïsme ; les apôtres martyrs n'étaient pas des héros, pas davantage les kamikases du Japon. Ces derniers étaient morts avant de monter dans l'avion, identifiés avec leur divinité, le Japon ; ce n'étaient pas des patriotes. Avant même de partir, leur vie était déjà donnée ; ils portaient la chemise blanche, signe de mort, et buvaient un verre de saké sacré. Nous sommes au-delà de toute dualité dans laquelle se situent la bonté morale et l'éthique, c'est un autre registre... Il en est de même de l'esthétique : la beauté rayonnante que l'on découvre sur certains visages ne relève pas de l'esthétique, voilà pourquoi c'est extraordinaire !... Regardez un tableau : il n'y a pas de comparaison entre la beauté qui sort de la volonté d'un artiste et celle qui émane de son expérience de l'Être... l'une naît de l'application volontaire, l'autre sort comme une flèche de sa transparence intérieure.

A. G. : *Vous approchez ici de près le sens des icônes, fenêtres ouvertes sur l'invisible, manifestation de Dieu sur un visage d'homme... L'artiste a tellement lâché prise de son moi, que le véritable icônographe c'est l'Esprit Saint à travers lui ; il y a une communion entre les deux, une « synergie » comme nous dirions, au même acte créateur. Une icône n'est donc en principe jamais signée ; elle est au fond de moi mon vrai visage d'homme, mon visage d'éternité, et pour peu que je consente à brûler mes*

masques et mon arrogance au contact de ce Feu, Ça peint en moi comme Ça respire...

G. D. : Sur ce plan, bonté et beauté n'ont plus rien à voir avec l'éthique ou l'esthétique. Elles sont l'expression de la présence du divin qui se manifeste toujours sous ses trois aspects, mais c'est le grand Troisième, l'Unité du Tout, qui s'empare de vous et vous intègre dans le mouvement de la Vie divine, de sorte que vous ne pouvez faire autrement qu'être ce que les autres appellent « bon ou beau »...

Il faut apprendre à faire la différence entre l'attitude-expression de l'Être, et l'attitude-soumission à la loi éthique. Il n'est pas besoin de faire des efforts pour ce qui vient du cœur ; si l'on doit se forcer à être bon, ce n'est plus une émanation de l'Être ! Une fleur ne fait pas d'efforts pour sentir bon... Nous ne sommes plus dans le domaine de la volonté...

A. G. : *« Que ta volonté soit faite... » On entre dans la conscience absolue, insupportable pour toute institution qui vit à partir de l'éthique et de la morale !*

G. D. : Une telle conscience est toujours révolutionnaire parce qu'elle dépasse les cadres d'une communauté. Mais on n'est malgré tout pas libre pour autant de faire n'importe quoi, on ne vit pas au gré de ses désirs et on aura sans cesse à soumettre son égo à des exigences humaines. En Inde, les Maîtres savent qu'ils possèdent des pouvoirs supérieurs qui guérissent par miracles. Mais lorsqu'ils sont malades, ils vont d'abord chez le médecin du village pour combattre leur orgueil : « Moi, je n'ai pas besoin de l'aide humaine ! »

A. G. : *C'est la remise totale de son moi entre les mains de Dieu, au risque même de l'ironie et du jugement de l'entourage : « Il en a sauvé d'autres, il ne peut se sauver lui-même ! » a-t-on injurié le Christ en croix... Mais tel est le prix de l'amour, il ne cherche ni à se flatter ni à plaire aux autres !*

G. D. : Cela pose tout le problème de l'humilité. Suivant le cas, l'attitude vraie n'est pas facile à discerner. Il y a deux sortes d'humilités : sur le plan éthique, on vous dira : « Ne faites pas semblant d'être plus que vous êtes, ne vous gonflez pas... » Sur le plan de la conscience absolue, l'humilité est beaucoup plus lourde à porter : il s'agit d'abord de prendre conscience, de reconnaître les grâces et les dons reçus, de ne pas les accaparer comme pouvoir personnel, mais en même temps les mettre au service des autres en témoignant du divin. Ne faites pas semblant d'être plus, ne faites pas semblant d'être moins que vous êtes. Si le Maître disait : « Je ne suis rien », il enlèverait tout à son disciple. Devant Dieu nous sommes tous de la même grandeur, mais entre hommes, nous sommes à des étapes différentes du Chemin. C'est une élite qui a conscience de témoigner du divin. En fait, « il y a beaucoup d'appelés mais peu d'élus », dit le Christ. On me dit souvent : « Les gens qui méditent sont une élite. » Oui ! nous le sommes, et il ne faut pas craindre de l'avouer à notre époque socialiste, car nous le sommes, en vue d'une mission bien précise.

A. G. : *Les « élus » ont entendu l'appel et cherchent à y répondre, ils forment le « petit reste » ou le « petit troupeau » dont parle la Bible. Il n'est pas supérieur aux autres, mais doit être le levain dans la pâte, la Lumière sur le Chemin, afin que tous avancent et montent... Est-ce là le vrai engagement envers les pauvres et les démunis ?*

G. D. : Ce n'est pas facile de répondre... S'agit-il de pauvres ou de riches au sens matériel, culturel ou spirituel ? Il y a des riches de dons intellectuels absolument pauvres et sourds au message. Bien souvent, dans mes conférences, des gens très instruits s'en vont parce qu'ils ne comprennent pas un mot, mais à la porte des ouvriers m'attendent pour me dire : « Nous ne comprenons pas votre langage, mais très bien ce que vous voulez dire... » Sur le plan de la connaissance intérieure la distinction entre riche et pauvre ne vaut donc pas.

Quant au plan social, il serait absolument ridicule de croire que celui qui est sur le chemin intérieur est débarrassé de sa responsabilité vis-à-vis des autres et surtout des pauvres. Mais il ne s'agit pas de leur apporter de l'opium comme on l'a fait pendant des siècles en disant : « Résignez-vous, votre souffrance sera récompensée, que peut-il vous arriver de mieux que d'avoir faim... ? » La méditation ne rassasie pas les ventres creux, mais elle ouvre à une tout autre Source qui est au-delà d'une bonté éthique...

A. G. : *Les pauvres doivent retrouver leur dignité d'homme et non servir à soulager nos consciences de bien-nantis ! « L'homme ne vit pas seulement de pain... » et si on ne lui donne que l'un ou l'autre, le matériel ou le spirituel, il ne sera jamais un homme.*

G. D. . On dit qu'en France le marxisme intéresse de plus en plus le clergé. Parce que le Christ voulait soi-disant refaire le monde, Marx devient une denrée chrétienne : « Il a compris, lui, les pauvres ! » Quelle confusion de plans ! Jamais le Christ ne travaillait pour le « bien-avoir », mais pour le « bien-Être »... Autre chose que ces doctrinaires est le grand mouvement des prêtres-ouvriers qui, au lieu de prêcher, apprennent à vivre avec les autres et témoignent par leur façon de vivre. J'ai eu récemment la visite d'un missionnaire du Katanga ; après vingt ans de mission, il se demande ce qu'il a bien pu faire, s'il n'a pas passé son temps à servir l'Institution et à endoctriner les Noirs ! Il aspire maintenant à quitter son beau presbytère, à vivre en communauté avec eux, à « être », non à parler...

Beaucoup construisent ainsi sur du sable, leurs convictions sont fondées sur un malentendu. J'entends souvent les sermons du matin à la radio et j'ai parfois l'impression que les prédicateurs, en présentant Dieu comme un surhomme, sont engagés par l'Adversaire... Si Dieu est un surhomme, la justice telle qu'on la voit dans le monde est inacceptable et la foi ébranlée par le dégoût. Alors la déception se fait sur l'arrière-plan du bien et du mal qui sort d'un jugement du moi existentiel. Et on cherche la justice par une consolation existentielle des trois détresses humaines... Vous voyez un peu la confusion ! La foi trouve sa justification dans de tout autres raisons !

A. G. : *Pourquoi, selon vous, Jésus-Christ ne s'est-il pas engagé politiquement : le peuple juif était pourtant sous domination romaine ?...*

G. D. : Parce que le désastre politique, entre autres, était une chance de témoigner de ce qui est au-delà de toute politique. S'il avait essayé de développer, même avec une grande intelligence, l'idée d'une réforme de l'État d'Israël, cela aurait valu pour trente ans, et puis... ? Le message du Christ est valable pour chaque situation et pour tous les temps ; il fait front à toutes les détresses de la vie. Le plus idéal des systèmes ne dure qu'un temps. Dans un très beau livre, Simone de Beauvoir raconte qu'un homme avait fait un pacte avec le Diable pour ne pas mourir. Il devient conseiller à la cour d'un État et passe cinquante années de sa vie à bâtir des forteresses qui devaient durer toujours. Et puis il part dans un autre pays... et quand il revient cent ans plus tard, personne ne se souvient plus des problèmes qu'il a eus et cru avoir résolus pour toujours. Tout ce qui nous paraît important aujourd'hui, on ne s'en souvient plus demain... Que reste-t-il des révolutions et des guerres, sinon des monuments aux morts ? Le message du Christ apporte la Vie, il révèle ce qui est au-delà de l'éphémère et du transitoire, c'est un message qui dépasse l'horizon habituel et tout ce pour quoi on est engagé à l'instant même : un appel à une attitude d'éternité. Le vrai combat se situe à un tout autre niveau, il en va de la divinisation de l'homme et non seulement de conditions agréables de vie. Pour cela, le message du Christ ne peut vieillir, il est toujours neuf. De même, la sagesse de Lao-Tsé ne peut disparaître. La sagesse véritable est toujours universelle et elle ne passe pas, parce qu'elle est l'expression de l'Être dans un langage humain.

A. G. : *Les grands observateurs semblent aujourd'hui entrevoir le secret de la Sagesse, y compris les athées ; le sous-développement de l'homme, la carence radicale et profonde de son être, sa misère intérieure sont le commun dénominateur de tous les divers sous-développements : la misère psychologique, physiologique et matérielle, en Orient comme en Occident. Le mal est ontologique. Ce dont l'homme a le plus besoin aujourd'hui, c'est d'adorer !*

Dans cette perspective, l'engagement perd son autonomie close et cesse d'être une agitation de surface. Quand l'action ou l'engagement est branché sur les sources intérieures de l'Être, il a une efficacité durable. Mounier parlerait d' « induction contemplative » ; c'est se situer en effet au seul niveau où se font jamais les percées de l'histoire. On aurait besoin aujourd'hui d'une sorte de sagesse active qui relie l'intérieur et l'extérieur, qui réalise en fait que l'intérieur et l'extérieur sont deux pôles d'un tout inséparable, une sagesse qui soit à la fois et en même temps une libération du potentiel extraordinaire des forces spirituelles de l'homme et un instrument de combat pour la justice. Pour celui qui médite, un autre monde est possible parce qu'un autre homme est possible dans la structure même de son être, et cela, il le vérifie tous les jours dans l'expérience la plus concrète. Nous avons là le rôle subversif qu'a joué la méditation chez tous les grands spirituels de l'histoire. Ils ont raison de croire que de l'expérience spirituelle dépend la modification radicale de l'homme et l'avenir du monde...

X

« MAITRE, OU HABITES-TU... ? »

(Jean 1, 38)

GRAF DÜRCKHEIM : Pendant des siècles il y avait un fil ininterrompu de Jésus-Christ à ces grands saints dont vous avez parlé. Ils étaient des phares, des balises lumineuses sur les chemins de la sagesse. Aujourd'hui, faute de lumière, ces chemins s'enlisent dans la nuit : il n'y a plus de guides. L'homme est victime de l'univers déshumanisant de la technique où priment le rendement et l'efficacité. Mais sa rébellion ouvre un âge nouveau. Ils sont nombreux déjà, ceux qui ont découvert en eux la nostalgie d'une autre réalité et ressentent impérativement l'appel du Maître. Mais quels Maîtres ? L'attirance actuelle pour l'Inde et le gourou marque bien le refus des maîtres de nos sociétés modernes dont la sagesse se résume aux idéologies, au savoir et au pouvoir. Le désir de l'homme est ailleurs, sa détresse l'a conduit dans l'impasse, seul le Maître spirituel est une réponse à son appel. Il est l'archétype de ce à quoi l'homme aspire : accéder à l'expérience intérieure et réaliser toute la dimension de sa vie.

Les deux piliers sur lesquels repose l'existence d'un Occidental croyant : l'organisation de ce monde et la foi en un autre, laissent totalement en friche, à quelques exceptions près, la maturité spirituelle de l'homme et la conscience de pouvoir expérimenter ce qu'il ne fait que croire pieusement. La conséquence énorme en est que souvent ceux qui détiennent les leviers de commande dans le monde comme dans l'Église sont d'une incroyable immaturité ; l'organe même qui leur permettrait de sentir cette béance leur fait complètement défaut ! Ils sont alors « hors vérité »... Dans une telle confusion, les Maîtres spirituels deviennent plus urgents que jamais. Se lèveront-ils ?

ALPHONSE GOETTMANN : *Et alors comment les reconnaître ?*

Car les faux prophètes, eux, sont déjà là, marchands du Temple et autres charlatans aussi. Beaucoup s'improvisent « Maîtres » et en font leur commerce. Ils vendent pouvoirs, horoscopes, paradis artificiels et maintes recettes de « bonheur intérieur »... Jamais je n'ai rencontré autant de personnes atteintes par la « sessionnite », qui « mangent à tous les râteliers » et finissent par soigner leur indigestion chez les psychiatres...

G. D. : « Quand l'élève est prêt, le Maître arrive », dit-on couramment. Ceux que vous citez n'ont pas encore touché le vrai niveau de la détresse humaine, ils ne se trouvent pas sur le Chemin ; peut-être sont-ils en chemin vers le Chemin, mais tant qu'ils ne se sentent pas attirés par l'unique Réalité, ils risquent de se fourvoyer sans cesse dans des filets sataniques. Les faux Maîtres assument des gestes magistraux auxquels manque la vérité intérieure. Ils impressionnent souvent par des miracles qui ne se passent pourtant que sur le plan existentiel. Ils se servent de la magie qui effectue des changements extraordinaires sans transformation. Ils font croître une arrogance chez le « disciple », qui se prend alors pour plus que les autres. Ils répondent aux ambitions du moi existentiel de leurs clients. Ce qu'ils font, « ça se voit » et comme tel révèle le mensonge ; au lieu de nourrir le Vrai qui s'exprime dans l'humilité, ils satisfont la soif d'expériences extraordinaires et de forces supérieures.

Le chercheur authentique, lui, ne se trompe plus : dans son silence intérieur il perçoit la voix du Maître qui l'habite et il reconnaît en profondeur celui qui l'approche. Car ils sont deux : le Maître intérieur et le Maître extérieur, fondés en un troisième : le Maître éternel. Et les trois sont la manifestation de la Vie surnaturelle en une forme naturelle, humaine. N'est élève ou disciple que celui qui emprunte sans conditions le Chemin vers cette vie-là. Maître-Disciple-Chemin sont trois données inséparables.

Par « Maître éternel », j'entend le principe, l'image originelle ou l'archétype de l'homme universel ; c'est l'Homo maximus dans lequel se réalise l'Être, la Vie dans la totalité de ses trois aspects : plénitude, loi et unité, dans une forme particulière toujours en voie de transformation. Le Maître éternel lève le voile sur sa présence quand l'homme arrive à l'extrême limite de la résistance consciente ou inconsciente à la Vie en lui ; quand à travers maladies, phases dépressives, contrecoups inattendus et « hasards » surprenants, certaines rencontres aussi, l'homme finit par entendre la voix de son Être asphyxié, mais également quand il devient toujours plus sensible à sa nostalgie de libération, aux touchers de plus en plus fréquents du numineux et enfin aux expériences de l'Être, petites et grandes. Peu à peu, alors, ou d'un seul coup, le vieux monde s'écroule, une nouvelle conscience naît et, avec elle, le Maître éternel prend la forme du Maître intérieur.

Seul cet éveil au Maître intérieur permet à l'homme de rencontrer et de reconnaître son Maître extérieur, car celui qu'il cherche il l'a en fait déjà trouvé. Il devient ainsi en même temps le disciple intérieur qui s'ouvre au Chemin intérieur, alors seulement les conditions d'une rencontre du Maître extérieur sont réalisées... Celui-ci n'est donc pas en vérité quelqu'un d'extérieur, mais le miroir de notre propre profondeur et envoyé pour elle. Le Maître que nous rencontrons au-dehors, c'est celui que nous sommes au-dedans de nous... Il incarne et accomplit déjà ce à quoi nous aspirons encore, mais entièrement là en puissance. Le Maître a franchi les nombreuses étapes qui restent enfouies en nous, il représente la plénitude de la Vie à laquelle nous sommes à peine éveillés, la vraie et seule maturité de l'homme, dans une totale liberté ! Rien ne l'enchaîne, sa pensée et son agir ne sont plus dominés par des prérogatives sociales, morales ou même théologiques. S'il respecte l'ordre de ce monde, il ne lui est cependant pas soumis. Bien au contraire, quand un « ordre » quelconque empêche la Vie de se réaliser en lui et autour de lui, il renverse, détruit, dissout et casse tout ce qui obstrue le Chemin. Le Maître est alors dangereux et dur pour tous ceux qui cherchent une paix facile, la sécurité ou l'harmonie ; terreur pour le brave bourgeois et scandale pour les gens bien rangés. Comme la Vie, il est toujours neuf, inédit, révolutionnaire, aussi inattendu et contradictoire qu'elle, sans cesse créateur et jamais figé, car ce qui importe c'est d'avancer, d'être transformé, de mourir pour vivre... Pour le disciple, cela signifie la fin de toute fausse paix, l'annonce d'un combat à mort pour une Vie qui est au-delà de toute paix ou trouble, au-delà de toute vie ou mort...

Mais jamais le Maître n'agit par lui-même, sa source est une instance supérieure et son humilité parfaite. Il vit en référence à Dieu ou à son propre Maître, et se sent responsable devant lui de sa mission. Ses valeurs ne sont pas le beau, le vrai et le bien, mais l'Amour...

A. G. : *La pédagogie divine est toujours la même. Quand le prophète Jérémie a été investi de sa mission dans l'Ancien Testament, Dieu lui a dit : « Je t'établis en ce jour sur les nations et sur les royaumes, pour arracher et pour abattre, et pour perdre et pour démolir, pour bâtir et pour planter ! » Et Jésus, le Maître par excellence, ne disait-il pas : « Je ne suis pas venu apporter la paix mais le glaive ! » C'est en effet un son de voix qu'on n'a pas tellement l'habitude d'entendre chez les soi-disant « Maîtres spirituels »... Mais la Joie du disciple est aussi à la mesure du prix qu'il consent à payer... « Heureux ceux qui sont persécutés à cause de moi... le Royaume des Cieux est à eux. » Quoi qu'il en soit, c'est une condition qui est loin de tout amateurisme...*

G. D. : Personne n'est disciple sans être marqué au feu par le sceau du « Tout ou rien ». Être éveillé est une chose, entendre l'appel et suivre le Maître sur le Chemin en est une autre ! Dans la première on a la possibilité de devenir disciple, dans la seconde on l'est effectivement : ce qui le distingue alors du Maître n'est rien d'autre que la distance qui les sépare, mais ils se trouvent sur le même Chemin. Autrement dit, le disciple en a accepté la dure discipline et la fidélité à une décision sans remise. Alors ce n'est pas lui qui a pris le Chemin, mais c'est le Chemin qui l'a pris. « Ce n'est pas vous qui m'avez choisi, c'est moi qui vous ai choisis », dit bien le Christ. A ce stade, l'avancée est irréversible, quelles que soient les tentations, les hésitations, et les risques de rechutes deviennent de plus en plus rares, alors que le processus de transformation et de transparence ne cesse de s'approfondir...

A. G. : *Quels sont les moyens dont dispose le Maître pour former « l'homme intérieur » du disciple ?*

G. D. : Parmi les dons variés de l'Esprit, on peut surtout en reconnaître cinq qui semblent essentiels au Maître : l'enseignement, les directives pratiques, le rayonnement, l'exemple et le choc.

En fait, le noyau de l'enseignement du Maître ne peut se mettre en formules ou s'expliquer. C'est une affaire de cœur à cœur et de relation, non de pensée. L'expérience de la transcendance restera toujours ineffable. On peut s'en approcher par la réflexion, en découvrir les préliminaires et les conséquences, le sens et le mouvement du Chemin ; c'est tout, mais ce n'est pas cela qui est important. Le Maître n'a qu'une seule Chose à communiquer, toujours la même Chose, et il le fait de mille et une manières, en laissant scintiller ses innombrables facettes, couleurs et lumières tout simplement à travers sa façon d'être là. Aussi vieille que soit sa tradition, il la restitue toujours à sa façon, telle qu'elle a pris vie et forme en lui. L'essentiel n'est jamais ce que dit le Maître, mais comment il le dit. L'étincelle ne jaillit pas des arguments, mais de l'Être de celui qui argumente et parce qu'il a réalisé ce dont il parle. C'est pourquoi le Maître n'a pas de comportement pédagogique. Il ne cherche pas à analyser, à instruire ou à donner des conseils. Mettre sans cesse son disciple sous l'appel de l'essentiel, le sentir et l'aimer à partir de sa propre profondeur est son unique visée.

Le but des directives pratiques est de secouer la tyrannie du petit moi et de libérer l'Être. Le Maître met parfois très durement à l'épreuve la confiance du disciple en lui demandant de faire quelque chose qu'il réprouve ou qu'il ne comprend pas. L'obéissance pourtant doit être totale et absolue, non par respect d'une autorité ou d'une règle extérieure, mais parce que Maître et disciple sont à la recherche d'une seule et même Réalité. Un ordre du Maître, aussi dur et sévère qu'il soit, est toujours chargé de la plénitude de vie qui est sienne et n'est jamais que l'expression de l'amour qui le relie au disciple dans l'unité de l'Être. Aussi le suit-il pas à pas dans l'exercice et il l'accompagne intimement dans sa transformation, corrige son attitude, sent la moindre défaillance et peut intervenir brutalement. Les exercices proposés vont parfois jusqu'à la limite du supportable pour obliger le moi à capituler, alors seulement l'autre dimension peut surgir...

Quant au rayonnement du Maître, il est à la fois au-delà et au cœur de tous ses mots et de son agir. Il éveille dans le disciple une force qui anéantit toute arrogance et donne aussi le courage de regarder la mort en face, la mort de tout ce qui n'est pas Vie, Vérité, Lumière en soi... Ce rayonnement n'a rien de sentimental, il est tranchant, rude, et pourtant plein de chaleur ; il peut être dangereux et pourtant remplit l'autre de béatitude et de liberté...

L'exemple qu'est le Maître n'est jamais proposé à l'imitation. Sa figure est originale, unique et inimitable comme la Vie elle-même qu'il incorpore. C'est d'ailleurs cela qui le distingue entre autres des faux maîtres. Mais par ce qu'il dit, son attitude et toute sa manière d'être, il ne cherche qu'une chose : provoquer le disciple à sa propre réalité, révéler son originalité inédite, le Maître qui lui est intérieur et l'Être à travers celui-ci. Il n'est donc en aucune manière le « bon exemple » ou le modèle, ni quelqu'un qui en sait plus, mais étant simplement lui-même, il témoigne de sa transparence au Transcendant.

Enfin, le choc est souvent l'un des grands moyens qu'utilise le Maître : que ce soit une réponse absurde à une question, une attaque impromptue, une humiliation, une critique, un cri effrayant ou un rire ironique... tout est bon pour renverser l'ordre établi, miner les sécurités du moi, tirer le tapis de dessous les pieds et obliger à accepter l'inacceptable ! « La porte est étroite » qui ouvre à la Vie. Tout ce qui la bloque et la barricade doit sauter, tout ce qui nous retient en deçà doit être abandonné, rien que le Maître ne remette en cause.. « Va, vends tout ce que tu as... Si quelqu'un veut être mon disciple, qu'il renonce à lui-même et prenne sa croix pour me suivre... »

A. G. : *La vie ne peut être transmise que par un vivant et il n'allume le feu dans le cœur d'un autre que dans l'intensité d'une relation personnelle. C'est un accouchement ! Les paroles du Christ que vous citez en montrent bien l'exigence et révèlent, avec tout l'Evangile, que la tradition du Maître n'est pas seulement orientale. Elle s'est perpétuée durant les premiers siècles au sein des catéchèses qui étaient, après « l'éveil », un temps « d'initiation » aux mystères culminant dans « l'illumination » baptismale; par ailleurs, les Eglises constituaient de petites communautés suscitées et suivies par un « pasteur », un Maître spirituel en somme, dont l'unique visée était de « former le Christ intérieur », comme dit saint Paul ; et la même idée présidait au monachisme primitif qui regroupait quelques moines autour d'un Ancien ou d'un « Père », donc de quelqu'un qui engendre à la Vie... Tout cela s'est desséché ensuite à mesure que l'on s'est éloigné de la Source : le baptême tendait à n'être plus qu'un rite sociologique, le catéchète devenait professeur de religion, le pasteur un notable administrateur d'une paroisse ou seigneur d'un diocèse, le Père Abbé d'un ordre monastique « Général » ou « Supérieur », et l'Eglise une « machine », selon l'expression du patriarche Athénagoras... Dans le christianisme oriental pourtant, la tradition du Maître est restée ininterrompue ; se situant davantage dans la lignée de saint Jean, le mystique, elle a toujours connu des « starets », mais il faut souvent aller les chercher dans les monastères ou quelque autre réclusion... Cependant, dans toutes les Eglises, on réagit à l'heure actuelle contre ces durcissements historiques et la suprématie de l'Institution... Une renaissance est amorcée un peu partout et nous sommes nombreux à vouloir enjamber quinze siècles d'histoire pour retrouver enfin la vérité des origines !*

G. D. : Jésus-Christ est l'incarnation du Maître éternel. Il réunit en lui d'une façon absolument unique tous les traits qui caractérisent le vrai Maître à travers les temps et les pays. Le moment est venu de renouer avec cette grande Tradition du christianisme primitif, de redécouvrir son trésor enfoui de la connaissance initiatique et la sagesse expérimentale des ermites et des moines, toute la mystique enfin qui remonte jusqu'au Moyen Age...

En Jésus-Christ, Dieu cherche l'homme, mais l'homme, hélas, ne l'a pas toujours entendu ainsi !

A. G. : *C'est même comme cela que commence l'Evangile : « Il est venu parmi les siens et les siens ne l'ont pas reçu. »*

G. D. : L'homme le met dehors et s'érige lui-même en dieu ; par l'autonomie de sa volonté propre et de sa raison il se coupe de ses racines et perd son lien originel avec l'Être. Voilà le destin permanent de l'homme, il peut en être la victime plus ou moins, et même lorsqu'il croit en Dieu ! Ils sont rares d'ailleurs ceux qui n'y croient pas ou qui n'acceptent pas au moins quelque chose qui transcende leur horizon naturel. Mais qui est-il, ce Dieu-là ? Bien souvent une Toute Puissance extérieure, indépendante de l'homme, mais avec laquelle il entretient des rapports aliénants de soumission et d'obéissance, à laquelle il recourt en cas de détresse et qu'il invoque pour avoir bonheur et sécurité... Un dieu utile, mais que l'on tient à distance ! L'Être divin continue cependant à frapper à la porte intérieure de l'homme, la transcendance est toujours immanente et désire se manifester en lui et par lui. L'homme n'entre dans sa vraie maturité et ne devient homme que par cette prise de conscience. Elle fait éclater l'image qu'il avait de lui-même jusque-là, celle qu'il se faisait de Dieu et la relation qu'il entretenait avec celui-ci.

C'est toujours un événement bouleversant dans la vie d'un homme, quand il s'aperçoit que Dieu est extérieur, parce qu'il l'a mis à l'extérieur et qu'il tient l'action divine en échec en lui... Le tournant s'amorce lorsqu'il ouvre la porte et cesse de résister à ce qu'il est au fond de lui-même et à ce qu'il peut devenir à partir de son noyau le plus secret. Alors il a entendu la voix du Christ intérieur, mais pour Le suivre sur le Chemin il lui faut encore un Maître visible, un guide.

A. G. : *Dans l'absolu, le chrétien n'a pas d'autre Maître que le Christ : « N'appelez personne Maître et Seigneur ! » Les exigences de Jésus à l'égard de ses disciples sont uniques. Le suivre suppose une rupture totale avec le passé et un attachement exclusif à sa personne : partager la même destinée que lui : « porter sa croix », « boire sa coupe » et recevoir de lui le Royaume de la Gloire. Réserver cet appel du Maître à quelques disciples privilégiés est une profonde erreur qu'on a commise pendant des siècles. Or les Pères sont formels : « Le Christ s'adresse à tous les hommes : le moine et le séculier doivent atteindre les mêmes hauteurs », dit entre autres saint Jean Chrysostome, il n'y a qu'une seule spiritualité pour tous, sans aucune distinction dans l'exigence.*

Le Maître visible et extérieur reste tout à fait nécessaire, indispensable même dans ce contexte. Cependant, son seul but sera d'éveiller le Christ intérieur dans l'autre, non de l'imiter justement, mais de le « revêtir » et de « l'intérioriser », il s'agit d'une transmutation d'où naît « l'homme nouveau », un être entièrement christifié. « Eveille-toi, ô toi qui dors, éveille-toi d'entre les morts et le Christ t'illuminera. » Toute cette thématique des hymnes primitifs, des Evangiles et de saint Paul a été monnayée longuement par les Pères de l'Eglise. Il me plaît d'ailleurs de retrouver déjà chez Origène toute l'importance du Inbild *sur lequel vous insistez tant dans vos œuvres : porter « l'image » du Christ en soi, « s'imaginer » sa présence* (ein-bilden), *et en retour le Christ transforme l'homme en sa propre réalité. « Ce n'est plus moi qui vis, c'est le Christ qui vit en moi. »*

Mais une chose encore me paraît capitale : rares sont ceux qui ont la chance de rencontrer un vrai Maître extérieur pour leur montrer ce Chemin. Alors là aussi la tradition chrétienne est ferme : le Maître qui nous guide n'a pas besoin d'être un homme. La plupart des saints n'ont en pas eu ! Car, pour quelqu'un qui cherche vraiment, les Maîtres de fait ne manquent pas. La vie quotidienne par exemple est un lieu, disent les Pères, où le Verbe parle sans cesse. Par ailleurs, il faut la plus grande intimité avec « la Bible qui est le Christ en personne », il faut s'en pénétrer et s'en nourrir, comme d'ailleurs de l'eucharistie qui est le sommet de la participation substantielle au Christ et de l'union avec lui. C'est pourquoi nous considérons toute la liturgie comme le grand Maître et le meilleur pédagogue de la Vie Divine. Sans oublier, bien sûr, la prière personnelle qui structure et modèle l'être, la méditation ou l'oraison qui porte tout à maturité et permet à « l'Esprit lui-même d'enseigner au cœur »... Que de Maîtres pour un disciple sincère ! Devenons « théodidacte » comme dit Clément d'Alexandrie...

G. D. : Il est certain que pour le vrai disciple, décidé coûte que coûte à avancer sur le Chemin, et à servir la Vie, la vie elle-même peut devenir son Maître et chaque situation du quotidien être un test ! Ainsi déjà sa manière d'être dans son corps et de se mouvoir, son attitude dans le moment présent, tous les hauts et les bas de son existence, les rencontres, les imprévus de la vie et les coups du destin, les banalités comme les grandes choses, il n'y a pas d'instant ni d'occasion à travers lesquelles on ne puisse pas entendre la voix du Maître intérieur ou vivre devant son regard. Aussi dès qu'on stagne ou dévie elle met en garde, elle encourage et appelle dès qu'on hésite à prendre le bon chemin, ou lorsqu'on a peur de faire un saut. Et quand on se trouve dans l'attitude juste s'ouvre en nous un abîme de silence, qui n'a plus rien à faire avec nos états psychologiques habituels : c'est l'au-delà au cœur de la vie, et ce Maître-là ne fait jamais défaut, il est plus disponible que n'importe quel autre et strictement rien n'échappe à sa vigilance !

La lecture et l'accueil de l'Evangile livrent à leur tour l'homme au Souffle de Dieu. La voix du Saint-Esprit qu'il perçoit en son intérieur fait de lui un disciple du Maître éternel. Nous sommes parvenus aujourd'hui à l'âge d'une découverte tout à fait expérimentale de l'Esprit qui nous habite. Pourtant l'homme qui continue à voir le sens de la vie dans la rentabilité, la compétition et le confort en est encore très loin. Par ailleurs, nous avons un besoin urgent de pénétrer la Bible autrement que par l'exégèse scientifique et rationnelle. Si Dieu est l'au-delà, une compréhension extérieure des textes ne permettra jamais de découvrir leur contenu effectif, et il vaut mieux se taire ! Il s'agit de se mettre en chemin, de dévoiler ce qui est caché et de devenir enfant de Dieu, mais rien n'est fait quand on ne le devient que mentalement ou par une adhésion intellectuelle ! Une foi vivante met le croyant à l'écoute du mystère qui lui parle de l'intérieur et l'ouvre toujours plus à la vérité du Christ. Alors il doit avoir des antennes pour entendre le Verbe qui l'appelle en tous lieux et à chaque moment de la journée. Il expérimente la présence du Christ comme celle de son Maître éternel ; en outre, l'exigence de comprendre le monde et d'aimer l'autre « dans le Christ » se réalise comme par elle-même.

Seulement, tout cela suppose un travail inlassable sur soi, jusque dans les moindres mouvements pour devenir transparent. L'expérience du Divin est, bien sûr, un don de la grâce et jamais le résultat d'un effort volontaire ; mais l'homme doit s'y préparer activement, demeurer dans le processus de la transformation et un état de vigilance continuelle. Nous retrouvons ici le troisième terme de la triade inséparable : Maître - Disciple - Chemin. Le Chemin ne commence que lorsque le disciple a tout abandonné et qu'il a franchi deux étapes importantes de son évolution : celle où tout tournait autour de son égo, l'égocentrisme, et celle où tout tournait autour de l'autre, une œuvre ou les valeurs d'une communauté. Alors il entre dans une troisième étape où tout tourne autour du divin et de la transformation en une personne déifiée. A partir de ce moment les deux premières étapes, l'engagement envers soi-même et l'autre ou le monde, prennent un visage de nature radicalement différente. Le Chemin signifie pour le disciple un don total et sans condition à la suite du Maître. L'Absolu ne peut surgir que lorsque le relatif lui cède la place !

Le Chemin a donc lui-même deux étapes : d'une part le lâcher-prise progressif et l'accueil de la nouvelle vie : l'exercice de la transformation pour la transparence, c'est le chemin vers le Chemin ; d'autre part, c'est l'homme lui-même devenu Exercice et Chemin, il a atteint la grande Transparence qui permet au divin de se manifester sans résistance. Alors le Chemin c'est la Vie dans une forme humaine et la Vérité de l'homme c'est de le parcourir à l'image du Christ qui a dit : « Je suis le Chemin, la Vérité et la Vie... » Il n'y a jamais de point d'arrivée à ce Chemin, il est en lui-même son propre but !

A. G. : *La prise de conscience que « nous sommes illuminés depuis toujours » selon certains Maîtres japonais ou que « le Royaume de Dieu est déjà en nous » et que « nous sommes des ressuscités dès maintenant » selon la tradition chrétienne, peut provoquer une extraordinaire détente, la confiance et la sérénité chez celui qui cherche. Au fond, nous n'avons ni à chercher ni à attendre quoi que ce soit, mais à trouver et à nous laisser saisir... Le Christ est « le commencement et la fin, l'alpha et l'oméga », en Lui et avec Lui nous sommes à la fois sur le Chemin et déjà à son terme, c'est une Vie qui ne se répète jamais deux fois et une Vérité toujours inédite, neuve, jaillissante qui nous plonge dans un mouvement de transformation incessante...*

G. D. : Le Chemin n'est pas linéaire, mais en forme de spirale, une spirale penchée où les cercles tombent dans l'obscurité et passent dans la hauteur de la lumière. A chaque révolution c'est plus lumineux. Son mouvement continuel nous mène de la périphérie vers l'axe, le centre, et du centre vers la périphérie, de la surface extérieure vers la profondeur abyssale du noyau et de là à nouveau vers la périphérie. Sans cesse nous nous sentons attirés vers le centre, appelés par lui, mais en même temps envoyés dehors, au large. C'est le mouvement même du Souffle qui nous habite et dans son va-et-vient permanent nous saisit tout entiers, nous pénêtre des couches les plus extérieures vers les couches les plus profondes et des couches les plus profondes vers celles qui sont extérieures, il nous « hominise » et nous divinise...

Mais ce mouvement incessant nous ouvre aussi les portes de l'humanité et du cosmos. A partir de notre centre, nous rejoignons tout ce qui nous entoure, personnes, objets, nature... de leur périphérie vers leur centre propre. En tout, l'Être qui est en nous reconnaît l'Être de ce qui n'est pas nous, et des liens mystérieux de parenté profonde se tissent au-delà des divergences apparentes... Toute surface extérieure de quelque forme que ce soit reflète la présence en son fond de notre propre Être qui désire se manifester.

Nous pouvons, hélas, nous laisser happer par la surface et y rester accrochés pour notre plus grande perte. Le mouvement ne tolère aucune stagnation ni fixation, il est lâcher-prise et passage, mort et naissance... Nous n'avons qu'une chose à faire : résister à la tentation d'orienter nous-mêmes le Chemin. Toute immixtion du moi est déjà une déviation qui risque de déporter loin du centre. Oui, une fois qu'on est sur le Chemin, il nous saisit et ne nous demande rien d'autre qu'une obéissance radicale...

Le Chemin est le Maître éternel en tant que Chemin... et quand le disciple devient le Chemin, il est à son tour un Maître !

XI

« JE TE FIANCERAI A MOI POUR TOUJOURS »

(Osée 2, 21)

GRAF DÜRCKHEIM : Pami les grands Maîtres que nous pouvons rencontrer sur le Chemin de notre existence, il y a l'Amour. Il est le premier adversaire de notre moi orgueilleux et mondain, le mouvement par excellence du lâcher-prise et du don de soi, le champ le plus fécond de l'expérience de l'Être. Dans l'Amour, le numineux est éprouvé à une profondeur qui touche la totalité de la personne. Aimer, c'est avant tout ressentir l'Unité.

La vie est remplie de moments passagers où nous devenons « un » avec un objet, un animal, un homme ou Dieu, autant d'occasions où nous pouvons prendre conscience d'un contact avec l'Être. Egalement dans l'absence et la séparation de quelque chose ou quelqu'un qui nous est cher, un désir inassouvi d'aimer ou d'être aimé ou encore dans la solitude, chaque fois en somme qu'une profonde nostalgie nous brise et empêche notre amour de s'épanouir, nous souffrons d'un mal ontologique et pouvons être saisis par le divin. Il ne s'agit nullement de situations exceptionnelles, mais le cas échéant tout à fait périphériques où la signification d'une rencontre, même banale, avec un objet ou une personne, voire leur absence, prend ses racines au-delà du visible et du spatio-temporel. L'Amour ne se réduit en aucune manière à un sentiment ou à un processus psychologique ; ce serait rester en surface. Celui qui est aimanté par la profondeur et attentif à sa manifestation à travers le côté visible des choses voit sa nostalgie de l'Être grandir sans cesse et la possibilité de s'unir à Lui à travers tout. C'est là son grand Exercice sur le Chemin à travers le quotidien. Mais l'Amour peut seulement prendre toute sa dimension dans la rencontre de personnes. La véritable rencontre de deux personnes est très rare, mais elle a lieu chaque fois que deux êtres se mettent l'un l'autre sous l'appel de l'essentiel à travers la carapace de leur moi contingent. Alors quelque chose de particulier se réalise dans cette union des deux sur le plan de leur essence supra-personnelle.

ALPHONSE GOETTMANN : *Là encore il s'agit de « faire le passage »... Le plus souvent l'autre m'apparaît sous le poids douloureux de son moi existentiel, avec toute la charge de son histoire, le contexte de ses relations, ses qualités et ses défauts, et surtout son rôle social auquel je risque de l'identifier facilement... Dans la mesure où mon propre Chemin est un Passage, une Pâque de mon extériorité vers mon intériorité, je peux rejoindre l'autre sur ce même Chemin, dans sa Pâque à lui, et au lieu de juger celui que je vois de l'extérieur, je le suscite à sa propre réalité, peut-être je le ressuscite... Notre vie est marquée par de telles rencontres, elles sont rares, mais c'est à elles que nous devons tout ! Ce n'est pas pour rien que Jésus était si sévère envers ceux qui jugent et enferment les autres au lieu de les ouvrir à leur propre dépassement. Il nous a appris le regard qui plonge dans les profondeurs et bouleverse les cœurs..., les Evangiles le relèvent souvent.*

G. D. : Le véritable Amour et le plus grand qu'on puisse s'imaginer se réalise quand deux personnes, sur le Chemin de leur recherche de l'Être, se trouvent et deviennent compagnons de route l'un pour l'autre. Leur rencontre devient le Chemin de leur accomplissement réciproque, si l'un entend dans le cœur de l'autre résonner l'accord de son propre Être, ou au contraire perçoit chez lui, dans toute la violence de l'Amour, le refus de s'arrêter ou de stagner... Nulle part ailleurs on ne trouve un tel tressaillement que dans cette communion d'Être à Être. L'acte sexuel entre un homme et une femme est un sommet de ces épousailles, qui peuvent revêtir un caractère intensément mystique et culminer dans l'extase. Le couple peut être emporté tout à coup vers une autre réalité, absolument au-delà de tout dualisme et être libéré pour un moment. Si leur attitude est juste dans l'échange sexuel, chacun des partenaires opère un lâcher-prise total de son moi, c'est un appel puissant et s'ils acceptent dans l'abandon, l'onde de la Vie les met sous l'eau, les plonge complètement, et vraiment alors ils se noient, ils perdent conscience pour ainsi dire, leur conscience habituelle de surface est transcendée : c'est la fin du moi égocentrique et l'union, « l'infusion » réciproque de la vie des deux époux, qui éprouvent un sentiment d'adoration, car ils sont au-delà de l'espace et du temps, saisis par l'Être Divin... Mais pour renaître sur un tout autre plan !

A. G. : *On mettra encore longtemps à redécouvrir d'une façon générale cette vision-là, pourtant fondamentalement biblique ! L'amour sexuel n'est pas une conjonction d'organes ni une copulation de deux corps opaques : « Ne savez-vous pas que vos corps sont des membres du Christ ? », s'écrie saint Paul. Quand un homme s'unit à sa femme « il n'est avec elle qu'un seul corps », et c'est le Corps du Christ...*

La profanation de l'amour conjugal a toujours existé, mais elle s'est introduite progressivement aussi dans l'Eglise quand celle-ci a perdu, surtout en Occident, l'intériorité et sa dimension contemplative. On est tombé alors dans les divisions habituelles au mental, les catégories et la séparation, l'opposition entre le physique et le spirituel, le corps et l'âme, et on a fini par faire de l'acte sexuel un domaine spécifique, donc fatalement ambigu et frappé de soupçon ! Seul quelqu'un qui vit de l'expérience contemplative peut comprendre que l'amour sexuel réclame une approche contemplative qui, loin d'être isolée, irradie sur tout le champ de l'activité humaine et donne une nouvelle attention au monde. La communion entre deux êtres par le corps est une communion à la nature tout entière et au cosmos, qui est notre corps en extension. L'extérieur nous devient intérieur...

G. D. : Il est important de dire que la profondeur de cette ouverture dépend entièrement de l'attitude de celui qui vit l'acte sexuel. Suivant le cas, on peut tout aussi bien se laisser emparer par la jouissance et le plaisir érotique, qui n'est qu'une caricature de l'amour. Alors on est perdu... L'homme a plus de mal que la femme dans cette relation, il est souvent plus objectivant et captateur, ou il garde ses distances au lieu de s'abandonner. Mais quand les deux consentent à mourir dans l'autre sans résister au don, oui, un vertige cosmique s'ouvre en eux, la dualité des corps qui s'unissent est dépassée par l'union de la personne avec un « toi » dans l'étreinte duquel se manifeste l'Amour de Dieu... De toute évidence, en sortant de là on ne peut être le même qu'en y entrant ! Si réellement l'Amour est Chemin pour les époux, ils renaissent à chaque fois sur un autre plan de profondeur dans la liberté. Ainsi, dans le mariage, ce n'est pas moi, mais l'autre, qui est le sens de ma vie. Le fruit de cette union totale n'est pas d'abord la naissance d'un enfant, mais la renaissance des deux partenaires dans et par l'Amour. L'Amour se suffit à lui-même, il n'a pas d'autre but que lui. Et son expérience est ici également une révélation de son triple aspect : Plénitude et Force qui émanent de toute mort à soi, la renaissance dans une autre Forme et un Sens toujours nouveau, enfin l'Unité avec le partenaire et l'Harmonie avec la totalité cosmique. Et les trois ne font qu'Un dans un mouvement éternel d'Amour qui féconde sans cesse le mouvement des époux...

A. G. : *Au risque de passer pour des fous, mais vous avez pris ce risque avec la Bible et les Pères, nous pouvons dire que la communauté conjugale peut devenir une « théophanie », la chambre nuptiale d'une Alliance de Dieu avec l'homme, une icône vivante de la Trinité... « L'Amour... est une fièvre de feu, flamme du Seigneur » chante le Cantique des cantiques. Dans chaque rencontre du bien-aimé, c'est l'unique Aimé que les époux retrouvent. Selon saint Jean Chrysostome, « l'amour conjugal est l'amour le plus fort » parce qu'il « n'apparaît plus comme une chose terrestre, mais comme l'image de Dieu lui-même ». L'homme a été créé homme et femme, leur être est un « co-être », un mouvement de l'un vers l'autre pour devenir un, mais sans confusion ni séparation. Ils sont deux personnes dans un seul être, engendrés continuellement par un Troisième : l'Amour divin, icône de la Trinité. Mais en retrouvant l'état paradisiaque, les épousailles sont en même temps une image prophétique du Royaume à venir. Elles construisent la « Maison de Dieu », comme dit Clément d'Alexandrie et constituent déjà le mystère de l'Eglise, une « Eglise domestique », où se poursuit le miracle de Cana : l'eau changée en vin, le monde transmuté dans sa vraie réalité, « toutes choses qui deviennent nouvelles » et l'immense joie des époux entendant la voix de l'unique Fiancé qui préside à leurs noces...*

Le mariage n'est pas « fatalité biologique » ni « remède à la concupiscence », mais s'il doit être Chemin spirituel il suppose aussi un rude combat et une ascèse qui n'a rien à envier aux moines ! Dans le rite orthodoxe, on couronne les époux à la fin de la célébration du sacrement. Ils sont « couronnés de gloire et d'honneur », certes, mais aussi de la couronne d'épines de leur Seigneur et de celle des martyrs. Il n'y a pas d'amour sans la croix ; sans cesse la vision risque de s'effacer, l'usure de la vie peut ternir le mystère et, comme dit le poète, « rien ne résiste aux griffes mélancoliques du temps... »

S'il apparaît un visage d'éternité, le Maître éternel, dans l'Amour, ne peut-on pas reconnaître aussi dans le Temps qui passe, en particulier dans le vieillissement et la mort un autre Maître sur notre Chemin ?

G. D. : Beaucoup aimeraient arrêter le temps, « rester toujours jeunes ». Pourtant « l'Être de Dieu est notre devenir », disait Eckhart ; ce n'est donc qu'en restant dans le devenir que l'Être divin se manifeste à nous et que nous réalisons notre vocation d'hommes ! Celui qui n'a pas peur de vieillir est là également couronné par la Vie, car l'âge signifie moins une fin en catastrophe que les véritables noces de l'homme avec son visage d'éternité précisément... Dire « oui » à la vieillesse, c'est accéder à la plénitude de la maturité, le contraire d'une triste et douloureuse régression ou d'une lugubre attente de la mort... Mais cela suppose évidemment qu'on plonge ses racines dans une Réalité qui se trouve au-delà de l'opposition « jeune et vieux » et qu'on expérimente sa Présence bienheureuse justement à travers le devenir et ce qui passe !

Le vieux est atteint au plus haut degré par la triple détresse dont nous avons parlé : sa force vitale l'abandonne, physiquement et spirituellement ; sa vie semble ne plus avoir de sens parce que inutile et peu rentable, enfin il se sent envahi par l'inévitable solitude... Mais s'il a réellement épousé son Chemin, il sait qu'il n'est atteint qu'à la surface de son moi le plus extérieur et qu'une diminution de ses forces naturelles favorise en réalité une éclosion des forces surnaturelles, dont l'épanouissement seul parachève son existence. Au contraire s'il refuse de vieillir et cache à lui-même et aux autres les signes de son âge en luttant par toutes sortes de paravents et mesures de sécurité contre l'évidence, il passe à côté du dernier et plus beau cadeau que la vie veut lui faire ! Cet homme ne voit que l'ombre tentaculaire de son vieillissement engloutir le restant de ses jours... Mais celui qui s'est éveillé à l'autre regard contemple à l'horizon de son existence le soleil levant qui annonce pour lui un nouvel âge. Loin de stagner dans l'antichambre de la mort, lâchant prise plus profondément que jamais dans tous les liens mondains qui le tiraient vers l'extérieur, il fait maintenant des pas de géant sur le Chemin de l'incessante transformation. Quelque chose d'absolument neuf peut le visiter, et le voile qui le sépare de l'Invisible devenir transparent à l'extrême. Peut-être a-t-il l'échine courbée par le poids des ans, mais rien ne peut plus lui ravir cette Joie, pas même la mort qui se trouve à ses côtés comme un vieux compagnon, auquel il se confie... Au lieu d'être un poison pour toute la famille, comme c'est la plupart du temps le cas, un tyran dans la maison et une charge pour tous, ce vieillard est une lumière pour son entourage, il attire secrètement les autres par son rayonnement, on l'admire et on l'aime pour ce qui émane de lui d'ineffable... Il a trouvé la vraie jeunesse !

A. G. : *Cette jeunesse-là est toujours devant nous, elle n'a pas l'âge de nos vingt ans ; c'est plutôt ce qui en nous n'a pas d'âge du tout, peut-être est-ce Dieu lui-même, Jeunesse éternelle...*

G. D. : C'est pourquoi ce vieux est un Sage. Il ne regarde plus avec amertume en arrière vers sa jeunesse passagère d'autrefois : « De mon temps... » Lui, est en train de briser le temps et de le franchir ! Sa sagesse n'a rien à faire avec l'avoir, le savoir et le pouvoir. Quel que soit d'ailleurs le savoir accumulé par sa longue vie, là n'est plus son appui ; ce qu'il contemple désormais ne peut pas se concevoir et échappe à tout raisonnement. Pour s'exprimer il ne lui reste bien souvent que le sourire silencieux, mais abyssal... Cet homme ne vieillit pas, il mûrit ; sa triple détresse est le lieu d'une triple manifestation : il est sage, il est rayonnant, il est bon. Encore et toujours l'Être sous ses trois aspects...

A. G. : *La civilisation occidentale n'est pas sensible à tout cela, elle n'y voit aucun « intérêt »... L'homme est un animal de production et quand il cesse d'être rentable on l'évacue. A l'éternelle question de Tolstoï : « Qu'est-ce qui fait vivre les hommes ? » le Système répond à sa place : « le travail, la mécanisation, l'idéologie »... Et s'il leur reste quelque loisir où l'inaltérable soif d'éternité remonte à fleur de peau, la société de consommation l'achète à merveille par ses « petites éternités de jouissances », comme ironisait déjà Kierkegaard...*

G. D. : En Orient on dit : « Un vieux qui est amer est une personne ridicule », et quand on y questionne les gens sur le trésor de leur civilisation, ils répondent : « Ce sont d'abord nos vieux. » Le renversement est significatif ! Les vieux devraient normalement avoir parcouru les étapes du Chemin, tout leur être devrait plonger dans la seule Réalité qui intéresse vraiment l'homme, ils devraient détenir le secret de la Vie... Dans ce cas, le rayonnement est le vrai fruit de la maturité du vieux, il remplace l'activité. Alors vers qui se tourner sinon vers eux, si on ne veut pas passer à côté du réel ?

A. G. : *Chez nous aussi viendra le jour où l'on ne repoussera plus les vieux à reculons dans le néant des asiles... peut-être... Pour le moment ils sont encore notre « talon d'Achille », le côté faible de notre humanité où la mort ne cesse de nous ronger et de jeter l'épouvante dans les cœurs. Le spectre de la mort est devenu le nouveau tabou des sociétés modernes. Dès qu'elle surgit, on s'en débarrasse prestement après l'avoir fardée et recouverte de fleurs pour oublier son visage livide... La mort ne nous concerne pas, estime-t-on avec les épicuriens : « Tant que nous sommes en vie, elle n'est pas là ; et quand nous mourons, c'est nous qui ne sommes plus là ! »*

G. D. : L'homme initié, c'est-à-dire celui qui a ouvert la porte du mystère, sait au contraire que la mort est toujours là et que nous naissons avec elle. Mourir et naître vont de pair pour lui, c'est sa vie. La mort dernière ne le supprime pas, mais le fait croître au-delà de lui-même dans l'éternelle naissance. Dans sa rencontre il entend l'appel définitif du Maître, qui l'invite une dernière fois à déposer les vêtements du multiple pour entrer dans la plénitude de l'Unité. Cependant au lieu de voiler la mort et de lui tourner le dos, il faut apprendre à la regarder longuement dans le silence. Si la vue d'un cadavre pétrifié ne déclenche pas toujours la panique et l'épouvante, il fait taire en tout cas tout ce qui l'entoure, il dépasse notre entendement : il n'y a plus rien à dire ou à penser... Seul dans ce silence de la mort et le nôtre, nous pouvons entendre la voix du Maître qui veut nous parler.

Au fond, a-t-on peur de la mort ou de la puissance de la Vie qui jaillit au moment de la mort ? Le sens que l'on donne à la mort dépend du sens que l'on donne à la vie, et les deux dépendent de l'étape de notre évolution intérieure. Pour quelqu'un qui a bâti sa vie sur le prestige et l'avoir, la mort est une menace constante et un lamentable échec ; pour celui dont la vie c'est l'Être, la mort est son dévoilement définitif. Il traverse aussi les affres et l'angoisse, mais tient bon, car il devine la lueur de l'infini qui vient bientôt lever toutes les limites et le projeter dans une Lumière sans fin. Pour lui le sens de la mort, c'est la Vie, et ne vit vraiment que celui qui sait vraiment mourir. Seulement si l'on sent la mort en soi on peut sentir aussi la Vie à laquelle elle ouvre. Au lieu d'être une horreur, la mort peut devenir ainsi l'Amie mystérieuse de chacun de nos pas sur le Chemin où il n'y a finalement pas de Joie sans elle...

Vue de l'extérieur, la mort dernière est une fin, vue de l'intérieur elle est un commencement ; qu'on le veuille ou non, c'est l'inévitable lâcher-prise de tout, l'abandon et l'union avec la Plénitude du fond originel, et de cette union naît le jaillissement de notre personne. Ce mouvement de la transformation est aussi celui de toute vraie méditation qui introduit donc le sérieux de la mort dernière dans le contexte même des morts partielles du quotidien. Chaque fois que le moi naturel meurt un peu plus et cède sa place, l'homme entre plus profondément en contact avec son essence et la Vie d'où peut naître un moi qui n'est pas du monde, mais conforme à l'Être dans le monde. Il n'y a pas de transformation sans « dé-devenir » ! La question éternelle de l'homme c'est : comment vivre pleinement, comment laisser monter en soi la poussée vivante de l'Être, comment arriver à la vraie Vie qui sourd au fond de nous-mêmes ? La réponse éternelle c'est : seulement par la mort ! Mourir n'a de résonance lugubre que pour celui qui est prisonnier de son moi mondain. Pour l'éveillé, le disciple sur le Chemin, c'est la condition naturelle d'une attitude qui permet l'avènement de ce qui est sans condition et surnaturel. Chez certaines peuplades, mourir est tellement naturel qu'on ne parle même pas comme chez nous de « vivre et mourir », mais de « vivre et renaître »...

A. G. : *A ce sujet les chrétiens d'Occident se sont passablement paganisés... Pourtant après la bouleversante nouvelle du Christ ressuscité, le tragique de la mort avait disparu. On ne parlait plus du « jour de la mort », mais du « jour de la naissance », « dies natalis », et les martyrs se rendaient dans l'arène en chantant... Désormais toute l'Église se fondait sur l'événement de Pâques, la résurrection ne s'était pas seulement introduite dans le cœur de l'homme, mais dans toute l'histoire humaine et le cosmos, pour communiquer à tout et à tous la vie divine de la Trinité. Le baptême avait déjà commencé cette suprême transfiguration et la mort venait l'achever comme le grand Passage vers la métamorphose définitive...*

Nous cherchons à renouer aujourd'hui avec cette antique Tradition. L'expérience concrète du Christ mort et ressuscité, nous la vivons à travers le Chemin de l'année liturgique et la communauté ecclésiale. Par la victoire sur la mort et ce jaillissement inouï de Vie, Pâques est redevenue pour nous la fête des fêtes, une Joie ruisselante mais indescriptible pour qui ne l'a pas vécue ; le Christ notre Vie est là, palpable et réel, Témoin que nous ne mourrons pas ! Mais cette fête et cette joie, nous la réitérons à chaque eucharistie et finalement elle nous devient intime à chaque méditation... « O Mort, où est ton aiguillon ? »

G. D. : La mort, c'est la grande Vie sans cesse à l'œuvre. Elle n'est pas l'ennemi à conjurer, mais la sœur qui nous donne la main pour franchir le seuil des épousailles avec l'Être et entrer dans un Pays qu'en fait nous n'avons jamais quitté...

Pour aller plus loin...

Le message et l'enseignement de ce livre sont mis en pratique à Béthanie au cours de sessions et de rencontres. Par ailleurs une revue d'accompagnement au cœur de l'expérience spirituelle paraît tous les trimestres. Elle s'intitule *Le Chemin.*

Pour tout renseignement, s'adresser à :

Béthanie
Centre de rencontres spirituelles
Prieuré Notre-Dame et Saint-Thiébault
57680 Gorze
(Tél. : 03 87 52 02 28)

OUVRAGES DE KARLFRIED GRAF DÜRCKHEIM TRADUITS EN FRANÇAIS

AUX ÉDITIONS ALBIN MICHEL

L'Esprit Guide, entretiens avec Frantz Woerly, 1985, coll. « Spiritualités vivantes / Poche ».
Le Centre de l'être, propos recueillis par Jacques Castermane, 1992, coll. « Spiritualités vivantes / Poche ».
L'Expérience de la transcendance, 1994, coll. « Spiritualités vivantes / Poche ».
L'Homme et sa double origine (1re éd. Cerf, 1977), 1996, coll. « Spiritualités vivantes / Poche ».

CHEZ D'AUTRES ÉDITEURS

Le Zen et nous, Ed. Le Courrier du Livre, 1976.
Hara – Centre vital de l'homme, Ed. Le Courrier du Livre, 1969 ; rééd. 1982.
Exercices initiatiques dans la psychothérapie, Ed. Le Courrier du Livre, 1977.
Le Maître intérieur, Ed. Le Courrier du Livre, 1980.
Méditer, pourquoi et comment, Ed. Le Courrier du Livre, 1978 ; 2e éd. 1982.
Le Japon et la culture du silence, Ed. Le Courrier du Livre, 1986.
Le Son du silence, Ed. du Cerf, 1989.
Le Don de la Grâce, Ed. du Rocher, 1992.
Sous le signe de la grande expérience, Ed. du Rocher, 1995.

SUR KARLFRIED GRAF DÜRCKHEIM

Karlfried Graf Dürckheim, Textes et témoignages inédits, Albin Michel, *Question de*, n° 81.
Les Leçons de K.G. Dürckheim, de Jacques Castermane, Ed. du Rocher, 1988 ; 2e éd. 1996.
Karlfried Graf Dürckheim. Une vie sous le signe de la transformation, de Gerhard Wehr, Albin Michel, 1997.

OUVRAGES DE ALPHONSE GOETTMANN

AUX ÉDITIONS ALBIN MICHEL

Prière de Jésus, prière du cœur, en collaboration avec Rachel Goettmann, 1994, coll. « Spiritualités vivantes / Poche ».

L'Au-delà au fond de nous-mêmes, en collaboration avec Rachel Goettmann, 1997, coll. « Espaces libres ».

TABLE

« *Spiritualités vivantes* »
Collection fondée par Jean Herbert

au format de poche

DERNIERS TITRES PARUS

140. *Le Yoga et saint Jean de la Croix*, de Swâmi SIDDHESWARANANDA.
141. *Traces de lumières, paroles initiatiques soufies*, de F. SKALI.
142. *Aux sources de la joie*, de MÂ ANANDA MOYÎ, traduction et préface de Jean HERBERT.
143. *Temps et prières*, de AL-GHAZÂLÎ.
144. *L'Enfant de pierre et autres contes bouddhistes*, de THICH NHAT HANH.
145. *Le Livre du dedans*, de RÛMI.
146. *Trois mystiques grecs, Orphée, Pythagore, Empédocle*, de S. JACQUEMARD.
147. *Le Miroir des âmes simples et anéanties*, de M. PORETE.
148. *Présence de Râm*, de SWÂMÎ RÂMDÂS, trad. de J. HERBERT.
149. *Traité du Vide parfait*, de LIE TSEU, trad. de J.-J. LAFITTE.
150. *Les Illuminations de La Mecque*, d'IBN ARABÎ, traduction sous la direction de M. CHODKIEWICZ.
151. *Le Silence foudroyant*, de THICH NHAT HANH, trad. de Z. BIANU.
152. *Comme un éclair déchire la nuit*, du DALAÏ-LAMA.
153. *Jung et la question du sacré*, d'Y. TARDAN-MASQUELIER.
154. *La Religion des Chinois*, de M. GRANET.
155. *La Saveur du Zen. Poèmes et sermons d'Ikkyû et de ses disciples*, traduits et présentés par M. et M. SHIBATA.
156. *L'Étincelle de l'âme, Sermons de I à XXX*, de Maître ECKHART, traduits et présentés par G. JARCZYK et P.-J. LABARRIÈRE.
157. *Poèmes mystiques*, de HALLAJ.
158. *Sagesses de la mort*, de Z. BIANU.
159. *Polir la lune et labourer les nuages*, de Maître DÔGEN, anthologie présentée par J. BROSSE.
160. *L'Éveil subit*, de Houei-hai suivi de *Dialogues du Tch'an*, de M. et M. SHIBATA.
161. *L'Imitation de Jésus-Christ*, trad. par P. CORNEILLE.
162. *Dieu au-delà de Dieu, Sermons XXXI à LX*, de Maître ECKHART, traduits et présentés par G. JARCZYK et P.-J. LABARRIÈRE.
163. *Zen et Occident*, de J. BROSSE.
164. *Prendre soin de l'être*, de J.-Y. LELOUP.
165. *Dialogue sur le chemin initiatique*, de K.G. DÜRCKHEIM et A. GOETTMANN.

La reproduction photomécanique de cet ouvrage
*a été réalisée par l'***Imprimerie Bussière,**
l'impression et le brochage ont été effectués
sur presse Cameron dans les ateliers
de **Bussière Camedan Imprimeries**
à Saint-Amand-Montrond (Cher),
pour le compte des Éditions Albin Michel.

Achevé d'imprimer en mars 1999.
N° d'édition : 18127. N° d'impression : 990300/1.
Dépôt légal : avril 1999.